INTERPRETATIONSHILFE ENGLISCH

William Golding

Lord of the Flies

von Ernst H. Andrecht

W0240943

STARK

Bildnachweis:
Titelbild: © Nicola Bednarek
S. 5: © Caroline Forbes c/o Faber and Faber Ltd.

ISBN 978-3-89449-433-9

© 1999 by Stark Verlagsgesellschaft mbH
D-85318 Freising · Postfach 1852 · Tel. (08161) 1790
Nachdruck verboten!

Inhalt

Vorwort

Einführung 1

Biografischer Hintergrund 5

Inhaltsangabe 9

Textanalyse und Interpretation 19

1 Hauptpersonen, Personenkonstellation 19
2 Erzählhaltung und Struktur des Romans 26
3 Der Text als Allegorie:
Sprache, Stil und Symbolik des Romans 30
4 Zentrale Motive und Themen 33
5 Interpretation ausgewählter Stellen 39

Literaturgeschichtliche Einordnung 53

Literaturhinweise 58
Anmerkungen 64

Autor: Ernst H. Andrecht

Vorwort

Liebe Schülerin, lieber Schüler,

diese Interpretationshilfe zu William Goldings *Lord of the Flies* ermöglicht Ihnen die gezielte Vorbereitung auf die Unterrichtslektüre oder auf eine Klassenarbeit zu diesem Roman.

Im ersten Abschnitt erhalten Sie einen Einblick in das **Werk und die Biografie** des Autors. Die **Inhaltsangabe,** die nach Kapiteln gegliedert ist, ruft anschließend den Handlungsverlauf des Romans nochmals in Erinnerung.

Der Hauptteil des Buches widmet sich der **Interpretation und Textanalyse,** die zentrale Aspekte von *Lord of the Flies* untersucht. Wichtige Inhalte sind hier die Personenkonstellation, die Erzählhaltung und Struktur des Romans, seine Sprache und Symbolik und seine zentralen Motive und Themen. Die Interpretation ausgewählter Stellen zeigt exemplarisch Deutungsansätze auf und gibt so einen Einblick in textanalytische Vorgehensweisen. Abschließend wird kurz auf die literaturgeschichtliche **Einordnung** des Romans eingegangen. Die abschließenden **Literaturhinweise** regen zur Lektüre von weiteren Büchern Goldings an und informieren Sie über geeignete Sekundärliteratur.

Ernst H. Andrecht

Einführung

Wenn ein literarisches Werk so berühmt ist wie Goldings *Lord of the Flies*, stehen die Inhalte und die Botschaft dieses Romans über die Neuen Medien weltweit zur Diskussion. „Stell dir vor," schreibt ein amerikanischer Schüler, der das Buch im Internet ‚rezensiert', „du bist auf einer einsamen Insel. All deine Klassenkameraden sind zu verrückten Wilden geworden und du bist der einzige, der Frieden und Ordnung will."

„Es gibt wenig in dem Buch," schreibt ein weiterer Schüler, „was ich nicht mag. Vielleicht ist es ein bisschen deprimierend. Manchmal ist auch der Stil etwas schwierig und der Autor gebraucht Begriffe, die mich verwirren. Aber ich werde das Buch bestimmt noch einmal lesen."

Ein High School Lehrer aus North Carolina bringt seine Lehrerfahrung auf den Punkt. Er benutze *Lord of the Flies,* um dem romantischen Standpunkt, der Mensch werde als ein grundsätzlich gutes und unschuldiges Wesen geboren und nur durch die Gesellschaft verdorben, eine andere Sehweise entgegen zu stellen. Golding wolle uns zeigen, dass wir ohne Ordnung und Regeln in einen Zustand zurückfallen, "where the beast "within" can overtake us."

Die Fangemeinde der Leser von *Lord of the Flies* wächst ständig. Unzählige Menschen äußern sich mehr oder minder spontan über die entsprechenden Sites und Newsgroups des Internets und fördern so die Verkaufszahlen dieses weltweiten Bestsellers.

Und die Entwicklung der modernen Gesellschaften scheint die Wichtigkeit des Buches überdies nahe zu legen.

Man wundert sich in Amerika bisweilen, dass so viele junge Leser die Parallele zwischen *Lord of the Flies* und den Morden und Verstümmelungen in nordamerikanischen Schulen nicht sehen.

Wer kann die Neigung 10–13jähriger amerikanischer Jungen erklären, Mitschüler und Lehrer aus nichtigen Gründen zu erschießen, wie im Oktober 1997 in Jonesboro, Arkansas? Haben einige Bundesstaaten recht, wenn sie die Todesstrafe für Kinder in Betracht ziehen?

Die Sucht nach Gewalt hat, nicht nur bei Erwachsenen, sondern zunehmend auch bei Kindern, offenbar nicht nur etwas mit der „Western gun-culture" zu tun, sondern mit "the arrival of the superpredators", junger kompromissloser Superkiller. "It's," so die amerikanische Zeitung Newsweek vom 22. 1. 1996, "*Lord of the Flies* on a massive scale.".

Offenbar leben wir in einer Zeit, in der, verstärkt durch die modernen Massenmedien, die ‚Gewalt in uns' verstärkt ausgelebt wird. Auf der einen Seite scheinen wir nicht in der Lage, unsere Kinder gegen das immer skrupelloser werdende Gewaltangebot in den Medien und der Realität zu schützen; auf der anderen Seite greifen Kinder und Jugendliche, auch junge wohlbetuchte Erwachsene, zu primitivsten Tabubrüchen (Hooliganism, Bandenkriege etc.), um sich zu amüsieren, so dass die Maßstäbe vernünftigen und moralischen Handelns fast in Vergessenheit geraten.

Ist *Lord of the Flies* deswegen ein umoralisches, gefährliches Buch, das die oben geschilderten Tendenzen eher verstärkt, als dass es sie verhindert? Sollte man es, wie schon vorher andere Werke, etwa James Joyces *Ulysses* oder Aldous Huxleys *Brave New World,* auf den Index jugendgefährdender Literatur setzen?

Nun – es ist wie mit jeglicher großer Literatur. Sie ist kontrovers und stellt in ihrer Mehrdeutigkeit immer auch ein Ärgernis dar. Aber sie ist zugleich auch kathartisch, sie will den Leser erschüttern *und* reinigen. Niemand käme auf den Gedanken, Shakespeares *Richard III* zu verbieten, weil Richard seine Verwandschaft kaltblütig ermorden lässt, um König von England zu werden.

Goldings Buch, so eine amerikanische Schülerin, handele von den unstillbaren Wünschen und Mängeln des Menschen und der Katastrophe, die sie auslösen können, wenn es keine Regeln und keine Ordnung im Leben gäbe. Es habe sie fasziniert, wie auch die jüngsten und unschuldigsten Menschen kompromisslos nach Macht streben und vor nichts Halt machen, um diese Macht zu erlangen.

Lord of the Flies ist somit ein unverzichtbarer Roman der Weltliteratur, ein ‚Lehrstück' insbesondere auch für junge Leser. Nicht weil Gewalt ‚cool' und ‚in' ist, sondern weil unserer hochindustrialisierten globalen Gesellschaft, die fast ihre ganze Energie in den schönen Schein der Warenwelt fließen lässt, offenbar die Fähigkeit abhanden gekommen ist, die elementare Gewalt im Menschen zu bändigen.

"[Words] may move men to speak to each other", so Golding 1983 in Stockholm "because some of those words somewhere express not just what the writer is thinking but what a huge segment [Teil] of the world is thinking. They may allow man to speak to man [...] of commonsense, of simple healthy caution, a tide that rulers and negotiators cannot ignore so that nation does truly speak unto nation."[1] Literatur, so Golding prophetisch, als weltweites Kommunikationsmittel, als Anleitung, seinen praktischen Menschenverstand zu gebrauchen, eine gesunde Vorsicht in allen Dingen walten zu lassen, Literatur als „Welle", die die Politiker und Verhandler dieser Welt nicht ignorieren können und die bewirkt, dass alle Nationen aufrichtig miteinander reden.

So sei es auch mit *Lord of the Flies,* dem Roman, der erheblich dazu beigetragen haben dürfte, dass Golding seine Nobelpreisrede am 7. Dezember 1983 halten durfte.

Biografischer Hintergrund

Wie bei den meisten Schriftstellerinnen und Schriftstellern qualitativ hoch stehender Literatur können wir auch bei William Golding davon ausgehen, dass die Erfahrungen des wirklichen Lebens einen prägenden Einfluss auf die Gestaltung seiner literarischen Stoffe hatte.

Golding wurde am 19. 9. 1911 als Sohn eines angesehenen Pädagogen in Cornwall geboren.

Zu Goldings Lieblingslektüre als Jugendlicher gehörte Edgar Rice Burroughs *Tarzan of the Apes*, Jules Vernes *20 000 Leagues Under the Sea* und Robert Ballantynes *Coral Island,* das später zur Vorlage für *Lord of the Flies* wurde. Jedes dieser Bücher sieht den Menschen als ein im Grunde gutes Wesen, das darum kämpft, das Böse in der Gesellschaft zu meiden.

Vielleicht sind diese Lieblingsbücher indirekt dafür verantwortlich, dass Golding entgegen dem Wunsch der Familie nicht Wissenschaftler wurde, sondern nach dem Besuch der Marlborough Grammar School neben seinem Studium der Physik am Oxforder Brasenose College auch Englische Literatur studierte. Schon in früher Kindheit beschäftigte er sich mit den Alten Ägyptern, deren Symbolismus und deren Neigung, Leben und Tod ineinander zu verweben, ihn faszinierten.

Eines der Schlüsselerlebnisse des Autors waren die Erzählungen seiner Mutter über den Untergang der *Titanic* im Jahre 1912, einer bis heute ‚faszinierenden' Katastrophe, deren Ausmaß von niemandem für möglich gehalten wurde.

Als der 2. Weltkrieg im Jahre 1939 begann, meldete sich Golding freiwillig zum Dienst bei der Royal Navy, in der er es bis zum Commander eines Kriegsschiffes brachte. In mehreren Gefechten gegen deutsche Panzerkreuzer und U-Boote konnte er sich auszeichnen. 1944 half er mit, die Landung der alliierten Truppen in der Normandie (D-Day) von See aus abzusichern und zu unterstützen. Die Schrecklichkeiten des Krieges änderten sein Bild vom Wesen der menschlichen Natur, der, so sah er es mehr und mehr, etwas Dunkles und Böses innewohnte.

1945 wurde Golding Lehrer an einer Jungenschule, der Bishop Wordsworth School in Salisbury, was erklären mag, warum die Charaktere der Jungen in *Lord of the Flies* so realistisch gezeichnet sind.

Schon während seiner Zeit bei der Marine beschäftigte sich der Autor mit der klassischen griechischen Sprache und Kultur, die er dennoch nicht der Altägyptischen Kultur vorzog.

Goldings erste literarische Veröffentlichung, *Poems* (1934) – er war gerade 22 Jahre alt – waren nicht so minderwertig, wie er sie selbst einstufte, „poor, thin things", sie spiegelten schon Gefühle wieder, wie Verlust und Trauer in der Natur – Gefühle, wie sie in anderem Zusammenhang auch in *Lord of the Flies* zum Ausdruck kommen. Die dann folgenden ersten drei Romane waren nach seinem eigenen Bekunden wertlose Imitationen von schon Gelesenem. Sie wurden nie veröffentlicht.

Auch mit *Lord of the Flies* hatte der Autor seine Schwierigkeiten. Mehr als 20 Verlage lehnten den Roman ab, bis er schließlich im Jahre 1954 von Faber & Faber in London herausgebracht wurde. Dieser Verlag hat von da an fast alle seine Bücher und Schriften verlegt.

Der Roman über eine Gruppe von „choir-boys" – Schüler einer kirchlich orientierten Internatsschule –, die nach einem

Flugzeugabsturz unversehrt auf einer paradiesischen Koralleninsel landen und dort an sich selbst, an der Übermacht ihres bösen Naturells, scheitern, wurde ein Welterfolg.

Ein Jahr nach *Lord of the Flies* folgte der zweite Roman: *The Inheritors* (zu genaueren Informationen über Goldings Werk vgl. S. 58 dieser Interpretationshilfe). Die Botschaft des Romans ist, genau wie die des Erstlings *Lord of the Flies*, klar. Die Geschichte der Menscheit ist von Anfang an von Gewalt geprägt und die Zeit bessert den Menschen nicht. Damit, dies lässt sich hier schon allgemein festhalten, stehen Golding und sein literarisches Werk im Gegensatz zum sozialdarwinistischen oder sozialistischen Fortschrittsglauben von H. G. Wells (der großen Einfluß auf den jungen Golding hatte) aber auch zum christlichen Erlösungsgedanken. Auf diese Mehrdeutigkeit (Ambivalenz) der Goldingschen Weltanschauung wird in der Analyse von *Lord of the Flies* noch mehrfach eingegangen.

Aufgrund des Erfolges vor allem von *Lord of the Flies* konnte Golding den Beruf des Lehrers aufgeben und sich ab etwa 1962 ganz der Schriftstellerei widmen.

Im Jahre 1983, drei Jahre nach dem berühmten Booker Prize für seinen Roman *Rites of Passage,* wird William Golding der Nobelpreis für Literatur verliehen. In seiner Nobelpreisrede am 7.12.1983 sagt er unter anderem: "We need more humanity, more care, more love."[2] und fragt sich, ob politische Systeme dazu in der Lage sind, sie hervorzubringen oder ob nicht umgekehrt Werte wie die Liebe ein entsprechendes System zustande bringen können.

Neben den Romanen, die sein eigentliches Werk ausmachen, schrieb Golding drei „shorter novels", unter dem Titel *The Scorpion God* 1971 herausgegeben. Man bekommt manchmal die Empfehlung, mit diesen drei ‚novellas' die Golding-Lektüre zu beginnen.

Lässt man die verschiedenen Phasen des Goldingschen Werkes Revue passieren, so kann man ohne Mühe feststellen, dass *Lord of the Flies,* einer der am meisten gelesenen Romane der

Welt, eine Sonderstellung einnimmt. Alle grundlegenden Ideen – die Fähigkeit des Menschen zum Bösen, die tragischen Querbeziehungen zwischen Gesellschaft, Kultur und Religion auf der einen und der negative Mythos des Primitiven, die Gewalt, der (Massen-)Mord und die Irrationalität der Instinkte auf der anderen Seite – sind in ihm vorgegeben.

So gesehen ist *Lord of the Flies* ein großer genialer erster ‚Wurf', ein literarisches Kunstwerk, zu dem wir als jugendliche oder erwachsene Leser immer wieder zurückkehren, wenn wir das Wesen des modernen Menschen erkennen wollen.

Inhaltsangabe

Die Seitenzahlen beziehen sich auf die Londoner Taschenbuchausgabe von Faber & Faber 1958 f.

Kapitel 1: The Sound of the Shell, p. 1–34

In einer von der brennenden Flugzeugkanzel abgetrennten Passagierkabine sind eine Reihe von englischen Schülern auf einer Koralleninsel notgelandet. Die Kabine hat eine Schneise in den Dschungel geschlagen, ist aber dann vom Sturm hinaus in die See getragen worden.

Die Schüler sollten offenbar in ein anderes Land ausgeflogen werden, da England von einem verheerenden Atomkrieg heimgesucht wird. Erwachsene gibt es auf der Insel nicht.

Ralph, groß und blondhaarig, und **Piggy,** er ist klein, dick, trägt eine Brille und leidet an Asthma, treffen als erste aufeinander und erkunden die Lagune. Dabei finden sie ein großes Muschelhorn (a „shell", die Jungen benutzen später durchgehend den Ausdruck „the conch"). Nach einigen Versuchen entlockt Ralph der Muschel einen weithin hörbaren Ton und lockt damit weitere Jungen an. Schließlich trifft eine wohlgeordnete Gruppe von „choir boys", Chorknaben einer renommierten Public School, in schwarzen Umhängen, Doppelreihe und Gleichschritt ein. Ihr Anführer ist **Jack Merridew**, der mit seinem Nachnamen angeredet werden will und der, da er „head boy", Stufensprecher, und „chapter chorister", Kapitelsänger, ist, die Rolle des Anführers beansprucht. Aber die Jungen wählen statt dessen Ralph, ‚den mit dem Muschelhorn'. Als Ausgleich überlässt Ralph Jack weiter den ‚Oberbefehl' über den Chor, die späteren Jäger.

Ralph, Jack und **Simon** erkunden die Gegend. Piggy, der sich ihnen anschließen will, muss zurückbleiben. Die Jungen erklimmen einen Hügel und stellen fest, dass sie offenbar auf einer unbewohnten Insel sind. Auf ihrem Weg zurück erblicken sie ein Ferkel, das sich im Unterholz verfangen hat. Jack zückt sein Messer, zögert jedoch vor dem tödlichen Stich und das Ferkel entkommt.

Kapitel 2: Fire on the Mountain, p. 35–51

Ralph bläst „the conch", das Muschelhorn, zur zweiten Versammlung. Er berichtet von ihrer Erkundungstour. Jack betont die Notwendigkeit einer „army" zum Jagen der Wildschweine. Im Verlaufe der Versammlung erklärt Ralph den Jungen, dass sie Gesprächsregeln brauchen: Wer die Muschel in der Hand hält, darf reden und wird nicht unterbrochen außer von Ralph, dem Anführer und Leiter der Versammlung. Trotz der misslichen Lage, in der sich die Jungen befinden, verbreitet er Optimismus. Es gebe genug zu essen und zu trinken, niemand brauche sich Sorgen zu machen. Unsicherheit kommt auf, als ein Sechsjähriger von seiner Furcht vor dem „snake-thing", dem Schlangenwesen, erzählt, das er auch „beastie", wildes Tier, nennt. Ralphs Information, solche Wesen gebe es auf dieser Insel nicht, beruhigt die anderen und die Jungen können sich der Aufgabe zuwenden, ein Signalfeuer zu ihrer Rettung anzuzünden. Dies gelingt mit Hilfe von Piggys Brillengläsern. Jack verspricht, dass er und seine Jäger das Feuer bewachen werden. Es gerät ihnen jedoch so groß, dass sie es nur unter Schwierigkeiten unter Kontrolle halten können. Piggy kritisiert dies und sagt, es sei außerdem besser, zuerst Schutzhütten zu bauen. Er ist auch der erste, der entdeckt, dass ein kleiner Junge („the boy with the birthmark") verschwunden und vermutlich im Feuer umgekommen ist.

Kapitel 3: Huts on the Beach, p. 52–62

Inzwischen hat sich Jack einen Speer gemacht und jagt Wildschweine. Ralph hat Schwierigkeiten, die Jungen, insbesondere die Kleinen, zum Bau der Hütten anzuhalten, die sie gegen Sonne und Regen und vor ihren bösen Träumen schützen sollen. Jack und sein Trupp sind besessen vom Töten und von der Jagd. Damit steht er im offenen Gegensatz zu Ralph. Es gelingt beiden nur schwer, miteinander zu kommunizieren.

Simon hat sich unterdessen von den anderen entfernt und erkundet den Dschungel. In einem Versteck beobachtet er die Pflanzen und Schmetterlinge, lauscht den Vögeln und Insekten und den Wellen des Riffs.

Map of the Island

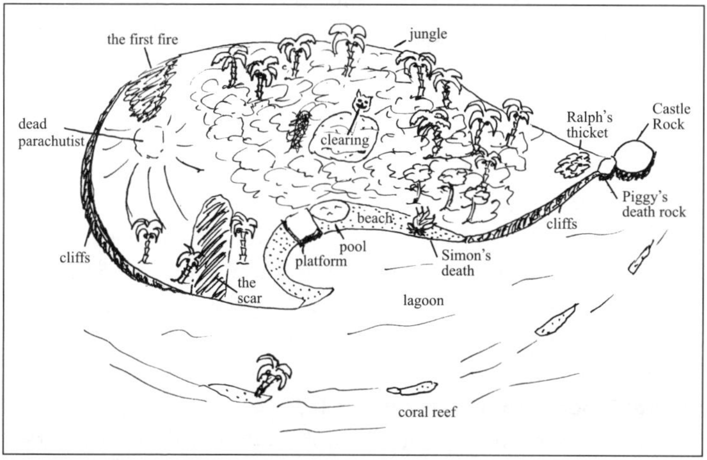

Kapitel 4: Painted Faces and Long Hair, p.63–82

Langsam gewöhnen sich die Jungen an die Eigenarten der Insel. Es bilden sich drei verschiedene Gruppen heraus. Ralph, Jack, Piggy und Simon bestimmen den Gang der Ereignisse, eine mittlere Gruppe, Roger, Maurice und Robert bedrängen die letzte Gruppe der 6jährigen „littluns", z.B. Percy, Henry und Johnny, zerstören ihre Sandburgen, werfen ihnen Sand in die Augen, ohne große Schuldgefühle zu empfinden. Roger wirft sogar Steine auf Henry, allerdings ohne ihn zu treffen.

Jack, enttäuscht, da er bisher erfolglos bei der Jagd war, bemalt sein Gesicht mit Kriegs- und Tarnfarben, um die Wildschweine zu täuschen. Sein Kriegstanz endet in „a bloodthirsty snarling", einem blutdürstigen Knurren.

Ralph, Piggy und Simon sehen ein Schiff am Horizont. Voller Sorge laufen sie zurück zum Signalfeuer, nur um festzustellen, dass es aus ist. Die Chance, gerettet zu werden, ist vertan. Nach erfolgreicher Jagd kommen Jack und sein Chor mit einem getöteten Schwein zurück. Ralph wirft ihnen vor, dass sie das Feuer haben ausgehen lassen. Die anderen stimmen zu.

Erniedrigt und frustriert boxt Jack Piggy in den Magen. Simon, der Piggys Brille rettet, kann nicht verhindern, dass eines der Gläser zerbricht. Jack entschuldigt sich schließlich bei Ralph dafür, dass er das Feuer hat ausgehen lassen, und verspricht, es wieder anzustecken. Eine Entschuldigung bei Piggy kommt nicht über seine Lippen.

Bei der Verteilung des gebratenen Fleisches bekommen alle ein Stück von Jack, nur Piggy nicht. Simon gibt ihm daraufhin sein Stück. Verärgert gibt Jack Simon ein zweites Stück Fleisch. Die Mahlzeit endet mit einem die Jagd und das Töten des Schweins nachstellenden Tanz der Jäger. Ralph glaubt, dass eine Versammlung nötig ist und bläst in die Muschel.

Kapitel 5: Beast from Water, p. 83–103

Auf der Versammlung macht Ralph deutlich, dass sich jedermann an die von allen erstellten Regeln zu halten habe. Diese praktischen Regeln hülfen ihnen, ihre Furcht zu überwinden. Ralph und Jack versichern noch einmal, dass es kein „beast", kein wildes Tier, gebe. Piggy merkt an, dass es außer der Furcht voreinander, keine Furcht gebe. Der kleine Phil hat offenbar etwas gesehen, das sich in den Bäumen bewegte. Er habe es nicht geträumt, sagt er auf eine entsprechende Bemerkung der anderen. Der kleine Percival meint, das Tier komme aus dem Meer. **Simon**, der selbst allein im Dschungel war, bemerkt darauf, das Tier seien sie selber. Er wird ausgelacht. Die Jungen schreien inzwischen wild durcheinander. Piggys Überzeugung, es gebe keine Geister, wird von Ralph zur Abstimmung gestellt. Es erfolgt keine Reaktion. Diesen Moment nutzt Jack aus, er lässt Piggy, der die Muschel hat, nicht zu Ende reden. Die Regeln kümmern ihn nicht mehr. Jack und seine Jäger verlassen die Versammlung, obwohl Ralph erneut in das Muschelhorn bläst. Ralph denkt daran, seine Position als Anführer aufzugeben. Nur Piggys berechtigte Sorge, was dann aus ihm selbst werde, hält ihn davon ab. Ralph und Piggy wünschen sich sehnlichst Hilfe von außen, von Erwachsenen, die das drohende Unheil abwenden.

Am Ende des Kapitels sind zwei Dinge klar: Die Beziehung zwischen Ralph und Jack hat einen endgültigen Riß bekommen. Und die Jungen haben sich in zwei feindliche Lager gespalten.

Kapitel 6: Beast from Air, p. 104–119

Der Mond erhebt sich über den schlafenden Jungen und verheißt Frieden. Plötzlich wird ein Lichtschein am Himmel sichtbar, der schnell wieder verschwindet. 10 Meilen über den Schlafenden tobt ein Luftkampf. Ein Mann landet mit seinem Fallschirm auf der Insel. Er ist tot. Der Wind bläst ihn mitsamt Fallschirm auf den Berg. Sam und Eric, die das Feuer bewachen, sehen den toten Soldaten und sagen den anderen, sie hätten „the beast" gesehen. Es habe Klauen und Flügel und sei ihnen gefolgt. Jack will sofort auf die Jagd gehen, Ralph will das Feuer, das Sam und Eric haben ausgehen lassen, wieder entfachen. Es wird entschieden, dass Ralph, Jack und die Großen das Tier suchen und das Feuer anstecken, während Piggy bei den Kleinen bleibt. Simon glaubt nicht an „the beast", er sieht in ihm einen ‚heroischen und zugleich kranken Menschen'. Ralph und Jack erforschen die Felsbank, die die Form eines natürlichen Forts (später nennen es die Jungen „Castle Rock", Felsenburg) hat, finden das Tier aber nicht. Eine Gruppe von Jungen hievt ein großes Felsstück unter gewaltigem Getöse ins Meer. Ralph ist verärgert angesichts dieser sinnlosen Aktivität: Das Signalfeuer sei wichtiger. Murrend folgen die Jungen Ralph den Felshang hinunter.

Kapitel 7: Shadows and Tall Trees, p.120–136

Fast alle Jungen, Ralph inbegriffen, sind schmutzig, ihre Kleider zerfetzt und klamm vor Feuchtigkeit. Ralph fühlt sich mutlos angesichts der Entwicklung der Dinge. Simon, der seine Gedanken errät, prophezeit ihm, dass er nach Hause zurückkehren werde. Während Ralph darüber nachdenkt, sieht er einen Eber auf sich zulaufen. Er verwundet ihn mit seinem Speer. Die anderen Jungen bewundern ihn und er empfindet Stolz und sonnt sich in seinem neuen Ruhm. Darauf spielen sie die Jagdszene nach und stoßen nach Robert, der den Eber darstellt. Ralph spielt das grausame Spiel mit. Mit dem Ruf: „Macht ihn kalt!" packt Jack Roberts Schopf und zückt sein Messer. Aber er lässt den Arm fallen und die Gruppe lauscht schwer atmend dem ängstlichen Wimmern Roberts. Bevor sie sich wieder zum Berggipfel aufmachen, schlägt Simon vor, er könne zu Piggy und den anderen gehen und ihnen mitteilen, dass Jack und Ralph erst gegen Abend zurück seien. Auf dem Weg zum Gipfel ist Jack zuletzt allein. Er habe ein ‚Ding' gesehen, teilt er Ralph und Robert wenig später mit. Alle drei gehen noch einmal zum Gipfel und sehen das ‚Tier', wie es ihnen ein grausam zerstörtes Gesicht entgegenstreckt. Geschockt und voller Furcht stürzen die Jungen den Berg hinunter.

Kapitel 8: Gift for the Darkness, p. 137–159

Ralph erzählt Piggy, dass sie das Tier gesehen haben. Ein Gefühl von Hilflosigkeit beschleicht die Jungen. Da Ralph kein Vertrauen in die Fähigkeiten Jacks und seiner Jäger hat, das ‚Tier' zu erlegen, beruft Jack verärgert eine Versammlung ein. Er wirft Ralph Feigheit vor und stellt dessen Führungsanspruch durch ein Misstrauensvotum in Frage. Aber niemand stimmt dafür, Ralph als Anführer abzulösen. Frustriert, auch durch seine eigenen Jäger, verlässt Jack den Kreis der Jungen, um sein eigenes Reich zu errichten. Wer möchte, könne ihm folgen. Piggy schlägt vor, ein Feuer am Strand in der Nähe der Hütten zu machen. Ralph bemerkt, dass eine Reihe von Jungen sich heimlich auf die Seite von

Jack geschlagen haben. Auch Simon ist erneut verschwunden. Jack und die Jäger erlegen ein weiteres Schwein und fragen sich, wie sie zu einem Feuer kommen, um das Fleisch zu braten. Jack schlägt vor, das Fleisch zur Felsenburg zu bringen und dann Ralphs Gruppe anzugreifen und das Feuer zu stehlen. Nach dem Ausweiden des Schweins, schneidet Jack ihm den Kopf ab und steckt ihn auf einen Stock, der im Boden festgemacht wird. Der Kopf ist für das ‚wilde Tier', eine Dankes- und Opfergabe für die erfolgreiche Jagd.

Aus dem Unterholz kommend trifft Simon auf den von Fliegen umschwärmten Kopf des Schweins und ‚kommuniziert' mit ihm. Ralph und Piggy sprechen am Strand über die Wichtigkeit des Feuers für ihre Rettung. Sie merken nicht, wie sich Jacks Jäger heranschleichen und während Jack Ralph und Piggy zu einem Fest auf der Felsenburg einlädt, das Feuer stehlen.

Simon ‚redet' immer noch mit dem Schweinekopf, der zu ihm spricht und ihm ankündigt, dass niemand ihm entkommen könne. Schließlich wird der Einfluß des „Lord of the Flies", des ‚Herrn der Fliegen' so groß, dass Simon hinfällt und das Bewusstsein verliert.

Kapitel 9: A View to a Death, p. 160–170

Erholt von seinem Anfall, macht sich Simon auf den Weg zum Gipfel. Er entdeckt und untersucht den Fallschirm mit dem verwesenden Körper des Soldaten, löst die Fallschirmleinen, damit der Körper sich nicht mehr bewegt und geht zurück zu den Jungen, um ihnen durch seinen Bericht die Furcht zu nehmen. Piggy und Ralph, allein am Strand zurückgeblieben, entscheiden sich, an Jacks Fest teilzunehmen. Wieder kommt es zum Streit zwischen Ralph und Jack um die Führungsposition, der nicht geklärt wird, obwohl Jack inzwischen wie ein Monarch von seinen ‚Fliegen' bedient und umschwärmt wird. Als es zu regnen beginnt, schlägt Jack vor, den Jagdtanz aufzuführen, mit Robert in der Rolle des Schweins. Auf dem Höhepunkt des frenetischen Tanzes erscheint Simon plötzlich, um die Nachricht über den toten

Mann auf dem Berg zu überbringen. Da Roger sich nicht mehr im Kreis befindet, benutzen die Jungen Simon als Opfer und töten ihn in ihrer Raserei. Später trägt die Flut seinen Körper hinaus auf die See. Auch der Körper des toten Mannes im Fallschirm wird vom Wind hinaus auf das Meer getragen.

Kapitel 10: The Shell and the Glasses, p. 171–186
Es dauert eine Weile, bis Ralph und Piggy den richtigen Ton finden, um über den Mord an Simon zu sprechen. Piggy sieht ihn als Produkt der Furcht und des wilden Tanzes, ein Unfall, den man am besten vergesse und mit dem man ohnehin nichts zu tun habe. Auch Samneric, das Zwillingspaar, leugnen wie Ralph und Piggy, je an dem Tanz teilgenommen zu haben. Jacks Lager oben auf der Felsenburg wird inzwischen bewacht. Der höchste Felsen kann mit Hilfe eines Hebels gelöst werden, um Eindringlinge zu erschlagen. Jack ist von nun an Oberbefehlshaber, dem alle zu gehorchen haben. Er behauptet, „the beast“ habe sich verkleidet und sei in der vergangenen Nacht gekommen. Es könne jederzeit wieder kommen, deswegen müsse ihm „the head of each kill“ geopfert werden. Ralph, Piggy und Sam und Eric bemühen sich weiter um das Signalfeuer, geben aber bald auf, da das Holz zu feucht ist. In ihrer Hütte werden die Jungen später von Geräuschen geweckt. Jemand ruft nach Piggy, der glaubt, das Tier wolle ihn holen. Das ‚Tier‘ – es sind Jack und seine Jäger – greift die auf dem Strand verbliebenen Jungen an und es beginnt ein Kampf, der mit dem plötzlichen Verschwinden der Angreifer endet. Piggy, der sehr um das Muschelhorn besorgt ist, bleibt unversehrt. Die Jäger kehren zu ihrer Burg zurück. Sie haben Piggys zerbrochene Brille erbeutet, die Muschel haben sie noch nicht.

Kapitel 11: Castle Rock, p. 187–201
Ein erneuter Versuch, Feuer zu machen, misslingt Ralph, Piggy und Samneric. Sie brauchen Piggys Brille und gehen zum Lager, nachdem der Ruf des Muschelhorns erfolglos war. Ralph meint, man müsse Jack wie einem zivilisierten Menschen begegnen.

Piggy ist verärgert, da er ohne Brille fast blind ist und möchte Jack getadelt sehen. Voller Stolz trägt Piggy „the conch" zur Felsenburg, im festen Glauben an und Vertrauen in ihre Kraft. Im Lager angekommen, bläst Ralph in die Muschel. Die Wilden erscheinen mit dem grimmigen Roger, der, Jack ist auf Jagd, dessen Stelle eingenommen hat. Ralph wirft den Jägern gerade vor, die Brille gestohlen zu haben, als Jack zurückkommt. Verärgert sticht er mit dem Speer nach Ralph, dieser sticht zurück. Die Auseinandersetzung endet vorerst damit, dass sich alle anstarren. Ralph weist wieder einmal auf die Notwendigkeit des Signalfeuers hin, das hohe Feuer der Jäger sei wenig hilfreich. Als Antwort gibt Jack den Befehl, Samneric als Geiseln zu nehmen. Wieder kämpfen Ralph und Jack miteinander. Piggy gelingt es zwischendurch, laute Kritik am Verhalten von Jacks Gruppe zu üben, indem er ihnen, gestützt auf „the conch", die Alternative, "law and rescue" oder "hunting and breaking things up" in Erinnerung ruft. Dies bringt die Jäger und insbesondere Roger so in Wut, dass er den Felsen löst. Ralph kann noch einen Schritt zur Seite machen, aber der ‚blinde' Piggy und das Muschelhorn werden von ihm getroffen und bleiben zerschmettert auf einem tiefer liegenden Felsen liegen. Ralph ist zutiefst schockiert, aber Jack kümmert dies wenig. Er wirft einen Speer nach Ralph, andere tun es ihm gleich, so dass Ralph wegläuft, um sein Leben zu retten. Oben auf der Felsenburg beginnt Jack Samneric in ein scharfes Verhör zu nehmen.

Kapitel 12: Cry of the Hunters, p. 202–223

Verletzt durch Jacks Speer wartet Ralph im Dickicht. Nach einer Weile kommt er aus seinem Versteck hervor und beobachtet die Felsenburg. Die Jäger feiern ein Fest. Erleichtert nimmt er ein paar Früchte zu sich und macht sich dann auf den Weg durch den Wald und trifft auf den aufgespießten Schweinekopf. Angst und Wut erfassen den Jungen bei seinem Anblick und er schlägt ihn in Stücke. Danach nähert er sich wieder vorsichtig der Burg und erfährt von Sam und Eric, den beiden Wachen, dass sie gezwungen worden sind, dem Stamm der Jäger beizutreten. Sie raten Ralph dringend fortzugehen: Jack hasse ihn und habe vor, ihn zu jagen wie ein Wildschwein. Ralph hat Angst, aber kann noch nicht daran glauben, dass die Jäger ihm nach dem Leben trachten. Er sagt den Zwillingen, die ihm etwas Fleisch geben, er halte sich im Dickicht in der Nähe des Forts auf. Nach einer unruhigen Nacht wird er durch die Schreie der Jäger geweckt. Er findet eine Stelle, von der aus er die Burg einsehen kann. Er hört Stimmen, u.a. die Stimme Jacks und die Schmerzensschreie der Zwillinge, die unter der Folter Ralphs Position preisgeben. Zwei große Felsen rollen durch das Dickicht. Einer von ihnen verfehlt Ralph knapp. Da es den Wilden nicht gelingt, Ralph aus dem Dickicht zu vertreiben, versuchen sie, ihn auszuräuchern. Ralph gibt sein Versteck auf und läuft zum Wald. Wieder verharrt er. Inzwischen ist der gesamte Wald am Brennen. Als die Wilden Ralph das nächste Mal aufspüren, stürzt er aus dem Unterholz hervor und rennt zum Strand. Dort stolpert er und fällt erschöpft in den Sand. Doch der Todesstoß kommt nicht. Ein Marineoffizier, der mit seiner Mannschaft den Rauch gesehen hat, steht vor ihm und begrüßt ihn mit „Hullo." Als die anderen hinter Ralph auftauchen, erfährt der Offizier die ganze traurige Wahrheit und ist enttäuscht, dass britische Jungs nicht in der Lage waren, "to put up a better show than that."

1 Hauptpersonen, Personenkonstellation

Wir wissen, dass Golding sich als Autodidakt intensiv mit der griechischen Kultur und dem griechischen Drama beschäftigt hat. Dies hat nicht nur Auswirkungen auf die Struktur des Romans gehabt, sondern auch auf seine Helden. Sie sind zugleich Einzelmenschen mitsamt ihren Alltagsproblemen als auch Menschen, deren tragisches Schicksal eine allgemeine, umfassende Bedeutung hat.

Aus Gründen der Übersichtlichkeit ist es sinnvoll, die Charaktere des Romans erst einmal in zwei Gruppen einzuteilen.

Die erste Gruppe verkörpert das ‚Gute'. Zu ihr gehören Ralph, der Anführer, Piggy, Simon und – mit Einschränkungen – die Zwillinge Sam und Eric.

Die zweite Gruppe verkörpert das ‚Böse'. Ihr Anführer ist Jack. Um ihn herum gruppieren sich die Mitglieder des Chores, der späteren Jäger, insbesondere Roger, Robert und Maurice.

Die „littluns", die Gruppe der kleineren Jungen, bleiben weitgehend anonym, bis auf Percival Wemys Madison, der sich dunkel an sein Zuhause erinnert und den Jungen mit dem Muttermal, der nach dem großen Feuer auf dem Berge nicht mehr aufgefunden wird.

Ralph

Ralph wird zu Beginn als das Muster eines guten, positiven englischen Schülers beschrieben. Er ist blond, sportlich, anständig, ehrlich und zuvorkommend: "You could see now that he might be a boxer [...] but there was a mildness about his mouth and eyes that proclaimed no devil." (S. 10/11).

Die Aussicht, auf der einsamen Insel ohne die Hilfe der Erwachsenen leben zu müssen, scheint ihn zunächst eher zu beflügeln als ihm Angst zu machen. Er wird nach ein paar aufregenden Tagen von seinem Vater, einem Marineoffizier, gerettet werden. Das Muschelhorn, das er gefunden hat und mit dem er die Jungen zu demokratischen Versammlungen ruft und dessen Kraft (Aura) ihn zum Anführer macht, scheint diese Vorstellungen zu bestätigen. Ralph besitzt genug gesunden Menschenverstand, um Regeln und Maßnahmen zu ihrer Errettung verpflichtend zu machen. Dazu gehört ein ständiges Signalfeuer, um vorbeifahrende Schiffe auf sie aufmerksam zu machen, die Schaffung und Aufrechterhaltung einer demokratischen Grundordnung auf der Insel und das Bauen von Schutz- und Schlafhütten.

Ralphs romantische Visionen werden jedoch nach und nach enttäuscht durch die Natur und das Verhalten der anderen Jungen. Mit Unterstützung seines Freundes Piggy kämpft er bis zuletzt gegen den Aberglauben und den Terror der Bande Jacks. Aber auch er ist kein perfekter Charakter. Piggy, der ihm treu ergeben ist, wird von ihm oft von oben herab und ungerecht behandelt. Und gegen die mörderische Massenhysterie, die zum Tode Simons führt, ist er genauso wenig gefeit wie die anderen:

> "Ralph: "Piggy." Piggy: "Uh?" "That was murder." [...] Piggy jumped to his feet and stood over Ralph. "It was dark. There was that – that bloody dance. [...]" "I wasn't scared," said Ralph slowly, "I was – I don't know what I was." (S. 172/73).

Dennoch, bis auf wenige Ausnahmen, bewahrt er sich bis zum Ende einen klaren Kopf. Seine Erfahrung auf der Insel hat ihn reicher gemacht, denn er weiß nun um das Böse in der Welt. Man kann Ralph in gewisser Hinsicht als „mouth-piece of the author", als Sprachrohr der Weltanschauung des Erzählers sehen; denn der Leser träumt mit ihm den Traum von Freiheit, Fortschritt und Demokratie trotz der schrecklichen Ereignisse weiter.

Jack Merridew

Auch Jack Merridew, Ralphs Gegner, wird von Golding indirekt und direkt charakterisiert[3]: "I ought to be chief," said Jack with simple arrogance, "because I'm chapter chorister and head boy. I can sing C sharp." (S. 23).

Als Kapitelsänger und Präfekt der Chorknaben einer frommen Internatsschule beansprucht er automatisch die Führungsfunktion auf der Insel. Golding kommentiert dies knapp mit „simple arrogance" und wertet Jack damit ab. Jacks moralischer Verfall setzt sich fort mit dem ersten – fehlgeschlagenen – Versuch, ein Ferkel zu töten. Nach dem zweiten, erfolgreichen, Versuch wird Jack von Golding so beschrieben:

> ""I went on," said Jack. "I let them go. I had to go on. I –."
> He tried to convey the compulsion to track down and kill that was swallowing him up. [...] The madness came into his eyes again." (S. 55).

Parallel zu seiner Entwicklung zum triebhaften Jäger verläuft auch seine soziale Entwicklung ‚tödlich'. Die von Ralph aufgestellten demokratischen Regeln und „the conch" akzeptiert er nur zu Beginn. Bald stellt er sie und damit auch Ralphs Autorität bei jeder Gelegenheit in Frage, bis es zum Bruch kommt und aus Jägern Killer von Mitmenschen werden. Aus den Jagdinstinkten entwickeln sich Strategien tyrannischer Macht, die nur ein Ziel kennt: den Gegner zu eliminieren. Jack plant, initiiert, fördert oder rechtfertigt den von Massenhysterie geprägten Mord an Simon (vgl. S. 168/169), die von seinem Stellvertreter Roger ausgeführte Ermordung Piggys (S. 199/100) und am Ende die Menschenjagd, um seinen Erzrivalen Ralph für immer auszuschalten (S. 202 ff).

Jack ist in seiner Entwicklung zum Tyrannen, der jenseits von Zivilisation, Moral und Religion steht, wohl der am stärksten gezeichnete Charakter des Romans: Wenn man ihn als eine religiöse Allegorie sieht, dann ist er der Gesandte des Herrn der Fliegen, des Teufels. Sieht man ihn aus der Sicht Sigmund Freuds, so steht er für die primitiven Triebe des Es (Id), die ungehemmte

Entwicklung des Satanischen, des Bösen. Betrachtet man ihn auf der Folie der Entwicklung der menschlichen Zivilisation, so ist es die Gewalt, die Unvernunft und das rauschhafte mörderische Chaos in ihm, die dem wahren moralischen und sozialen Fortschritt der Menschheit entgegenstehen.

Piggy

Piggy ist der intellektuelle Außenseiter des Romans. Auf den ersten Blick ist seine Intelligenz nicht erkenntlich, da Golding ihn vom Äußeren und von der Sprache her sehr unvorteilhaft ausstattet. Er ist Waise, dick, unbeholfen, extrem kurzsichtig, trägt eine Brille und geht mit seinen ständigen Appellen an die Wertewelt der Erwachsenen den anderen Jungen gehörig auf die Nerven. Obwohl er deswegen ständig geneckt, geschlagen und ihm seine Brille weggenommen und zerstört wird, ist er neben Simon der einzige Charakter, der sich treu bleibt und durch seine Intelligenz und seine praktische Vernunft das Verderben aufzuhalten versucht. Noch vor Ralph erkennt Piggy die Funktion des Muschelhorns als Garant einer vernünftigen, auf dem „common sense“ basierenden Ordnung. Er hält es so oft wie möglich an seinen Körper gepresst, so als ob es ihn vor seinem Feind Jack schützen könnte und er hält es noch in seinen Händen als der von Roger losgelöste Felsbrocken ihn mit dem übrig gebliebenen zerstörten Brillenglas erschlägt und in die Tiefe reißt (S. 200). Als Anhänger eines wissenschaftlichen rationalen Weltbildes –

> ““Life,” said Piggy expansively, “is scientific, that’s what it is. […] I know there isn’t no beast – not with claws and all that, I mean – but I know there isn’t no fear, either.” (S. 92)

– ist er Jacks Opfer, denn der braucht die Furcht, um sein Terrorregime zu errichten. Piggy spricht sich immer wieder und auch noch kurz vor seinem gewaltsamen Tode für demokratische Regeln, Gesetze und gegen das irrationale Zerschlagen der Dinge aus (vgl. S. 199). Er weiß, dass es das wilde Tier nicht gibt, es sei denn, der Mensch hat Angst vor seinem Mitmenschen. Als er stirbt, zucken seine Arme und Beine noch ein wenig, “like a pig’s after it has been killed." (S. 201). Sein Tod ist komisch und tragisch zugleich, da er an die Möglichkeit der totalen Abwesenheit von Vernunft im Menschen nicht glauben kann und will. Wenn menschliches Denken und Handeln sich aber auf der Ebene des ‚wilden Tieres' bewegen, wird der Intellektuelle geopfert und letzlich ‚aufgegessen'.

Simon

Simon, die letzte der vier Hauptfiguren des Romans, ist eine Person mit widersprüchlichen Charaktereigenschaften. Trotz seines zarten Körpers und seiner häufigen Ohnmachtsanfälle, die auf Epilepsie hindeuten, hilft er Ralph und Piggy, wo er nur kann. Während der Versammlungen gelingt es ihm nicht, seine innersten Gedanken mitzuteilen. Die Jungen halten ihn für „batty", „queer", „funny", ‚leicht neben der Spur' würde man heute umgangssprachlich sagen. Simon zieht sich gelegentlich in den Dschungel zurück, um zu meditieren. Aufgrund seiner spirituellen, mystischen Qualitäten ist er neben Piggy der einzige, der den Kindern den Begriff und das Ausmaß des Bösen erklären könnte, es aber nicht schafft (vgl. S. 97/98). In seiner Konfrontation mit dem aufgepflockten Kopf der Sau erfährt er vom Herrn der Fliegen, was es mit „the beast" auf sich hat: "You knew, didn't you? I'm part of you? Close, close, close! I'm the reason why it's no go? Why things are what they are?" (S. 158).

Damit wird Simons Erkenntnis, dass die einzigen „beasts" diejenigen sind, die die Menschen selber erschaffen, bestätigt. Sie als warnende Botschaft weiterzutragen, ist ihm nicht vergönnt. In dem Moment, als er sich klar artikulieren und sagen kann, dass „the beast" ein toter Fallschirmspringer auf dem Berg ist, wird er von der hysterischen Meute der Jungen als „pig" geschlagen und zu Tode gestochen. Für den verblendeten (oder berechnenden?) Jack war Simon „the beast", das getötet werden musste.

Simon wird wegen seiner Religiosität und absoluten Integrität oft als Christusfigur gedeutet. Er ist aber trotz seiner Reinheit ein Mensch, der das Böse in sich spürt. Eine soziale Deutung ist ebenso möglich, denn seine schöpferische geistige Kraft macht ihn zum Außenseiter und Opfer in einer Gesellschaft, in der Gewalt, Terror und Irrationalität vorherrschen. Damit ähnelt er Piggy, dessen deutliche, von der Vernunft geprägte Warnungen die Horde nicht davon abhalten können, ihn umzubringen.

Roger

Roger, anfangs scheu und ruhig, entwickelt sich als ausführender Agent Jacks zu einem terroristischen Folterknecht. Es beginnt kaum merklich, als er Steine auf den kleinen Henry wirft, ohne ihn tödlich zu treffen (S. 67, vgl. dazu auch S. 43 f dieser Interpretationshilfe). Roger ist Jacks gehorsamer Stellvertreter. Er sorgt durch Folter dafür, dass fast alle Jungen „Jack's tribe" beitreten, etwa im Fall von Samneric (S. 201 und 207). Der Autor charakterisiert ihn einmal mit dem Satz: "The hangman's horror clung around him." (a.a.O., 201). Der Mord an Piggy wird von Roger in einer Mischung von Taumel und Delirium durch das Lockern des Felsens herbeigeführt, dessen Herannahen der blinde Piggy nicht bemerkt und der ihn mitsamt dem Muschelhorn brutal erschlägt. (S. 200) Und es ist Roger, der den für Ralph bestimmten Todesspeer an beiden Enden anspitzt (S. 210), ein kaum verhüllter Hinweis auf den Kannibalismus dieses Henkers. Roger kann man als historisch-soziale Allegorie, als gewissenlosen SS-Schergen sehen, der die Befehle des Tyrannen bedenkenlos ausführt. Seine ungehemmte kalte Mordlust macht ihn noch unmittelbarer zum Agenten Beelzebubs (des Teufels oder des Bösen) als Jack.

Sam and Eric (Samneric)

Sam und Eric, eineiige Zwillinge, sind scheu, friedlich und hilfreich. Sie geraten in Panik, da sie den toten Fallschirmspringer auf dem Berg für das wilde Tier halten. Lange halten sie Ralph und Piggy die Treue, bis sie von Roger gefangen und gefoltert werden. Der Kraft des Bösen, die von Jack und Roger ausgeht, können sie nichts entgegensetzen. Sie müssen ihre Persönlichkeit aufgeben, verraten Jack und Roger den Aufenthalt Ralphs und gehen auf im allgemeinen Prozess der Zerstörung.

Maurice

Maurice, gutmütig, phlegmatisch und fantasielos, dient Roger. Im Gegensatz zu ihm bewahrt er sich eine gewisse Zurückhaltung und auch ein gewisses Unrechtsbewusstsein. Er wäre unter den Bedingungen der Zivilisation ein glücklicher Mensch, kann sich aber dem Terrorsystem der Wilden nicht entziehen.

Robert

Robert steht in der Hierarchie der Wilden unter Maurice. Er ist der geborene Befehlsempfänger. Er ist das erste willfährige ‚Opfer' in einer gestellten Jagdszene und wird von den Jungen, sogar Ralph, symbolisch umgebracht ("Hold him! [...] Kill him! Kill him!" (S. 126)).

Henry

Henry ist der Führer der „littluns". Er ist, wie alle anderen kleineren Jungen relativ bedeutungslos. Die Gefahr, in der er schwebt, als er von Robert mit Steinen beworfen wird, bemerkt er nicht.

Percival Wemys Madison

Percival Wemys Madison (vgl. S. 94), klein, kränklich und furchtsam, enstammt offenbar einer wohlhabenden Mittelschichtfamilie. Er sah das ‚wilde Tier' aus dem Meer steigen. Auch an ihm zeigt Golding die Ohnmacht von Tradition und Zivilisation angesichts der Verhältnisse auf der Insel.

The boy with the birthmark

Der Junge mit dem Muttermal ist ebenso bedeutungslos wie die anderen Kleinen. Immerhin vermissen ihn die anderen nach dem maßlosen Feuer und die Jungen werden sich der Konsequenzen ihrer Handlungen bewusst.

Der Fallschirmspringer

Der Fallschirmspringer wird von den Jungen nicht als Zeichen der zivilisierten Welt erfahren, sondern als „the beast“, das für Tod und Zerfall steht. Nur Simon erkennt in ihm den toten bemitleidenswerten Soldaten.

Der Marineoffizier

Der Marineoffizier erscheint in seiner sauberen weißen Tropenuniform als Vertreter der Ordnung, der über das Verhalten der Jungen schockiert ist. Die bittere Ironie seines Erscheinens besteht darin, dass das unerwartete „happy ending“ des Romans die Jungen und den Leser wieder zurückverweist auf die Gesellschaft, der der tote Fallschirmspringer entstammt und die den atomaren Holocaust schon teilweise umgesetzt hat.

2 Erzählhaltung und Struktur des Romans

Ein Grund für die internationale Beliebtheit von *Lord of the Flies* ist die Einfachheit des Romans. Es handelt sich um einen längeren Erzähltext, der eine Handlung mit einem klar erkennbaren *plot* (Handlungsverlauf, Struktur der Handlung) aufweist, der den Leser bis zum Schluss in Atem hält. Der Roman hat keine Exposition (*exposition*), einen erklärenden oder einführenden Vorlauf, sondern er beginnt, wie manche short stories, ziemlich direkt und abrupt: “The boy with fair hair lowered himself down the last few feet of rock and began to pick his way towards the lagoon.” (S. 7).

Golding als *omniscient narrator* (allwissender Erzähler) macht uns sofort zu Beobachtern und nach wenigen Sätzen wissen wir über den Ort der Handlung im Wesentlichen Bescheid. Der von ihm gewählte *point of view*, ein anderer Ausdruck ist *narrative perspective,* die Sicht, aus der er die Handlung darstellt und sie uns als Leser nachvollziehen lässt, ist traditionell. Die Perspektive ist nicht begrenzt (*limited point of view)* auf eine Person und deren Gefühle und Denkweisen, sondern der Autor präsentiert alle Charaktere, indem er sie beobachtet, beschreibt, denken, fühlen, reden und handeln lässt.[4] Er benutzt die 3. Person (he, they), selbst wenn er sich in das Innere seiner Figuren begibt:

> "[Ralph] felt his isolation bitterly. [...] Tired though he was [...] he fell into a well of sleep for fear of the tribe. Might it not be possible to walk boldly into the fort, say – "I've got pax", laugh lightly and sleep among the others ?" (S. 12).

Man merkt auch hier, wo es um die aufkommende Angst Ralphs vor dem Tode und ihre innere Beschwichtigung geht, dass der Autor ‚cool', analytisch, distanziert bleibt.

Aus der Perspektive des auktorialen Erzählers entwickelt sich eine Geschichte von Angst, Gewalt und Brutalität, die so kann man fast sagen, den Gesetzen der klassischen aristotelischen Tragödie folgt. Die Nähe zur Tragödie ist durch den immer intensiver werdenden Spannungsbogen gegeben. Die wesentlichen Aspekte und Höhepunkte des *plot* sind hier in einer Kurve kurz dargestellt:

Spannungskurve: *Lord of the Flies*

Deus ex machina: die wundsame Rettung durch einen Offizier der britischen Marine (12)

/

Hetzjagd: der versuchte Mord an Ralph Holocaust: die Insel brennt (12)
Klimax 3

/

Letzte vergebliche Appelle an die Vernunft: vorsätzlicher Mord an Piggy und die Zerstörung des Muschelhorns (11)
Klimax 2

/

Massenhysterie und Ritualmord – Tod des unschuldigen Simon (9)
Klimax 1

/

Simons Konfrontation mit dem Schweinekopf – der Herr der Fliegen (8)
konzeptionell begrifflicher Wendepunkt 2

/

Jack tötet ein Mutterschwein – der Schweinekopf als Opfergabe für ‚the beast' (8)

/

Ralph verwundet einen Eber mit dem Speer – ‚Pig-dance': Robert das ‚Menschenopfer' (7)

/

Erster Erfolg beim Töten eines Schweines – ritueller Jagdtanz (4)

/

Tabu und Tod: Steinwürfe auf Henry, Jacks Maske (4)
konzeptionell begrifflicher Wendepunkt 1

/

Ralph demokratischer Anführer (1)

(Zahlen in Klammern geben die Kapitel des Romans an)

Die Übersicht über die ‚dramatische Struktur' des Romans zeigt, dass der Autor dem Leser kaum eine Pause vergönnt. Das Geschehen wird nur selten verlangsamt durch Beschreibungen der Natur oder Handlungen wie der gemeinsamen Suche nach dem Tier, die kurzfristig die Möglichkeit von Harmonie aufscheinen lässt. Der gesamte Aufbau der Handlung ist so angelegt, dass sie an bestimmten Punkten unumkehrbar ist. Das gilt für Rogers sadistisches Spiel mit Henry ebenso wie die von Jack zweimal bewusst herbeigeführte Spaltung der Jungen in zwei feindliche Lager. Danach enthält der Roman zwei ‚dramatische' Höhepunkte, einen durch Hysterie bedingten ‚zufälligen', und einen vorsätzlichen Mord. Diese Höhepunkte werden ab etwa Kapitel 8 vom Autor als etwas Unumkehrbares vorbereitet. Simons Konfrontation mit dem Schweinekopf (für viele Leser die konzeptionelle, ideelle Klimax des Romans) weist auf seine wenig später stattfindende Hinrichtung hin. Dem Raub von Piggys Brille (Symbol der Vernunft) folgt der Mord an Piggy. Der Höhepunkt am Ende ist die Hetzjagd auf Ralph und der bis zuletzt aufgesparte dritte Mord, der durch das plötzliche Auftauchen eines englischen Offiziers verhindert wird und – eng damit verknüpft – der Holocaust, das Verbrennen der paradiesischen Insel. Mit dem plötzlichen Erscheinen des Offiziers vollzieht sich der einzige Perspektivenwechsel des Romans. Er wird von einer Reihe von Lesern jedoch als unecht und nicht seriös, als *deus ex machina*[5], empfunden. Aber er ist dennoch geschickt gewählt und nicht ohne Ironie, denn erstens brennt die Insel weiter und zweitens verhindert mit dem Offizier ein Vertreter derjenigen Erwachsenen einen Mord, die draußen an anderer Stelle schon für den Beginn des atomaren Holocausts gesorgt haben.

3 Der Text als Allegorie: Sprache, Stil und Symbolik des Romans

Die Sprache Goldings in *Lord of the Flies* ist einfach, da die Ereignisse vorwiegend aus der Sicht der Jungen gesehen werden. Die Wahl der Worte, die Sprachebene, der Ton und die Satzstruktur der Dialoge sind dieser Sicht angepasst. Etwas kompliziertere Sätze findet man am ehesten in den Beschreibungen der Natur oder seelischer Zustände von Goldings Helden, oft auch in Verbindung mit der Vermittlung eines bestimmten Weltbildes:

> "Ralph looked at [the officer] dumbly. For a moment he had a fleeting picture of the strange glamour that had once invested the beaches. But the island was *scorched up like dead wood*, – Simon was dead – and Jack had ... [...] His voice rose under the *black smoke*, before the *burning wreckage* of the island [...]. And in the middle [of the boys] [...) Ralph wept for the *end of innocence*, the *darkness of man's heart*, and the fall through the air of the true, wise friend called Piggy." (S. 223).

Hier spielt die Perspektive des ‚kommentierenden' Autors eine stärkere Rolle. Die Wahl der Bilder und Vergleiche "scorched up like dead", "black smoke", "burning wreckage" und schließlich "the end of innocence" und "the darkness of man's heart" machen seinen Pessimismus deutlich.

Die Sprachebene ist auch stilistisches Mittel zur Charakterisierung:

> "The fat boy stood by [Ralph], breathing hard. "My auntie told me not to run," he explained, "on account of my asthma." "Ass-mar?" "That's right. Can't catch me breath. I was the only boy what had asthma," said the fat boy with a touch of pride." (S. 9).

Die grammatischen und phonetischen Besonderheiten seiner Sprache, "can't catch *me* breath, the only boy *what* had *ass-mar*" zeigen uns, dass er Cockney spricht und der Londoner Unterschicht oder der „lower middle class“ angehört. Die anderen Jungen sprechen eher Standard English, aber auch sie haben ihre eigene persönliche, bisweilen mit etwas „school-slang“ versetzte Sprache (vgl. etwa Ralphs “sucks to your auntie” S. 13).

Am interessantesten wird Goldings Sprachgestaltung in den von ihm gewählten **Bildern oder Allegorien.** In literarischen Texten auftauchende ‚Bilder‘ haben oft metaphysische, religiöse, moralische, soziale und kulturelle Bedeutungen, die über ihren ‚normalen Sinn‘ hinausreichen. Einzelheiten von Charakteren, Gegenständen und Situationen bedeuten mehr als das, was direkt über sie ausgesagt wird, haben allegorischen Charakter. Die Allegorie kann in diesem Sinne auch als Personifikation allgemeiner Ideen und Eigenschaften gesehen werden, etwa **Piggy** als unbeholfener machtloser Vertreter des gesunden Menschenverstandes. Auch **Symbole,** etwa das **Muschelhorn,** das sowohl Ralph als auch Piggy zuzuordnen ist, können danach allegorisch interpretiert werden[6]. So sieht Piggy die große Muschel schon als Symbol und Instrument von Ordnung und Demokratie, als Ralph sie noch als Spielzeug betrachtet (vgl. S. 17) und er glaubt noch an ihre friedensstiftende Kraft, als Ralph schon erkannt hat, dass sie ihren Sinn verloren hat und ihren Träger nicht mehr schützen kann (S. 172, 189 f.). Das Muschelhorn bedeutet Redefreiheit, gleiche Rechte für alle und Recht auf Leben und Unversehrtheit und Einheit nur dann, wenn die Mächtigen auf der Insel (also auch Jack) an solche Werte glauben.

Die **Brille Piggys** ist konkrete Sehhilfe, aber auch das Symbol der praktischen Vernunft, der Intelligenz, des Wissens und des Lebens. Ohne sie ist Piggy hilflos: Im entscheidenden Moment seines Lebens ist er blind und sieht den Felsen, der auf ihn zurollt, nicht. Die Brille war ihm schon vorher gestohlen und zerbrochen worden: “[Jack] was a chief now in truth; and he made stabbing motions with his spear. From his left hand dangled Piggy’s broken glasses.” (S. 186).

In den Händen Jacks ist die Brille zugleich Macht und Herrschaft, denn als Brennglas benutzt, ist sie Urheber des Feuers.

Wer die Brille hat, hat das Feuer. Das **Feuer** ruft eine eigene zwiespältige Bilderwelt hervor. Es ist Wärme, Leben, Nahrung, Rettung (Rauch als Signal). Außer Kontrolle geraten, führt es zu Tod und Zerstörung von Mensch und Natur.

Das **wilde Tier (the beast),** ob nun Produkt der Einbildung oder real (in der Gestalt Jacks, Rogers), bedeutet "the end of innocence, the darkness of man's heart" (S. 223). Es steht in enger Verbindung zum Bild des **Lord of the Flies,** dem aufgespießten Schweinekopf, denn in ihm ist das wilde Tier aufgehoben als Verkörperung des Bösen im Menschen, "the reason why it's no go"(S. 158).

Besonders auffällig ist die **Personifikation** von Naturerscheinungen, so z. B. bei der Beschreibung der sich verändernden Gestalt des von den Jungen entzündeten Feuers:

> "The pile [of wood] was so rotten, and now so tinder-dry, that wohle *limbs yielded passionately* to the yellow flames that poured upwards and *shook a great beard* of flame twenty feet in the air." (S. 45).

Auch die Bewegungen der Luft werden in den Prozess der Personifizierung mit einbezogen:

> "Here and there, little breezes *crept over* the polished waters beneath the haze of heat. When these breezes reached the platform the palm-fronds would *whisper.* [...]." (S. 15).

Auch zwischen der **Natur** und dem seelischen Zustand der Charaktere gibt es Entsprechungen, die in Bildern ausgedrückt werden. Der **direkte Vergleich** (simile): "Spots of blurred sunlight slid over their bodies ***like*** *bright, winged things in the shade"* (S. 15/16) ist genauso möglich wie der indirekte Vergleich (metaphor): "Piggy [Jack hat ihm gerade die Brille weggenommen] stood behind him, *islanded* in a *sea of* meaningless colour, [...]" (S. 79). Jacks Gefährlichkeit wird durch **Bilder** hervorgehoben, die auf Dunkelheit, Gefahr, Gewalt und Tod anspielen: "[...] his laughter became *a bloodthirsty snarling"* (S. 69); "the *bolting* look came into his eyes" (S. 77) oder "he *wore the damp* *darkness* of the forest *like his old clothes.*" (S. 147) Hell-dunkel Kontraste unterstreichen den Dualismus von Gut und Böse, so etwa die „bright flowers" (S. 149) und die schwarzen Fliegen, die um den Schweinekopf schwirren. ‚Herr der Fliegen' ist die Übersetzung des griechischen *Beelzebub,* das wiederum auf das hebräische *Baalsebub* zurückgeht. Da, wo der Teufel auftaucht, sind die schwarzen Fliegen nicht weit: "The pile of guts was a *black blob of flies* that buzzed *like a saw.*" (S. 152).

Aus einem schwarzen dickflüssigen brummenden Tropfen lösen sich einzelne Fliegen und saugen Simons Schweiß und der Herr der Fliegen grinst voller Zufriedenheit. Aus der Kombination von Form, Farbe und Geräusch (synästhetisch) ist so ein äußerst gedrängtes und bedrängendes Bild entstanden.

Zusammengefasst kann man sagen, dass William Goldings Roman ein einfach strukturierter Text und trotzdem dichtgewebter Teppich von Bildern ist, die alle etwas mit dem allgemeinen Sündenfall der Menschheit zu tun haben. Es ist eine Bilderwelt, die durch ihre Direktheit wirkt und vom kindlichen Leser genauso verstanden wird wie vom Akademiker. Golding hat in *Egypt from my Inside* gesagt, er habe (als Kind) nie von verschiedenen Bedeutungsebenen gewusst, er erfahre sie einfach.[7]

4 Zentrale Motive und Themen

Motive, englisch *motif,* können als wiederkehrende Elemente (Elemente der Natur, Bilder, Symbole, Metaphern usw.) in einem literarischenText definiert werden. Sie sollen hier in Form einer Übersicht aufgelistet werden. Dabei ist darauf zu achten, dass jedes in einem literarischen Kunstwerk mehrmals auftauchende Motiv verschiedene Bedeutungen haben kann, je nach dem Kontext, in dem es sich befindet. Zu diesen zentralen Bildern gehören natürlich „the conch", „Piggy's glasses", „the fire", „the beast" und „the Lord of the Flies", auf die in Kapitel 3 schon eingegangen wurde (vgl. S. 31 ff dieser Interpretationshilfe). Im Folgenden werden Motive genannt, die auf den ersten Blick weniger auffallen. In einem zweiten Schritt wird auf einige zentrale Themen eingegangen, die eine eher begrifflich-abstrakte Einordnung des Romans ermöglichen.

The pighunt

„The pighunt", die Jagd auf die Schweine, ist zuerst positiv, da durch sie Nahrung herbeigeschafft wird. Sie wird negativ auf der rituellen Ebene der Jagdtänze. Dort endet sie in Massenhysterie, absoluter Brutalität und im Ritualmord.

The mask

„The mask", die Bemalung des Gesichts, ist Tarnung aber auch äußeres Zeichen der Verwandlung des menschlichen Individuums in einen zähnefletschenden blutrünstigen Killer. Die Maske verleiht Anonymität, und befreit den Menschen von seiner persönlichen Verantwortung und übergibt ihn dem irrationalen Spiel tödlicher Leidenschaften (vgl. auch S. 35 dieses Bandes).

The sea, the forest, the creepers

„The sea", ist das Urelement, das die Leichname Piggys und Simons aufnimmt und in sich aufhebt, „the forest", der Dschungel, die geheimnisvolle Quelle des Lebens und Rückzugsgebiet für gepeinigte Seelen (Simon); er wird durch die Feuersbrunst vernichtet. In „the creepers", den Kriechpflanzen des Dschungels, verfängt man sich; sie sind Kräfte, die verhindern, dass die Jungen aus ihren Erfahrungen lernen.

The death of the sow

Mit „the death of the sow", dem erbarmungslosen Töten der Muttersau, geben die Jungen das Bild der Mutter und das einigende Band der Familie preis.

The butterflies
„The butterflies", die Schmetterlinge, stehen für die unsterbliche Seele des Menschen, sie haben mit dem Herrn der Fliegen nichts gemein und meiden das Böse.

Man sieht an diesen Beispielen – weitere ließen sich finden –, dass der Erzählkern und die Handlung von *Lord of the Flies* relativ leicht zu fassen sind, aber die sich um sie rankende Bilderwelt von außerordentlicher Komplexität ist. Im Anschluss sollen einige zentrale Themen des Romans vorgestellt werden.

Triebstruktur und Irrationalität des Menschen
Zu den zentralen Themen von *Lord of the Flies* gehören die Triebstruktur und die Irrationalität des Menschen.
Beide gehören, unabhängig vom Ausgang des wissenschaftlichen Streits, bis zu welchem Grade Aggressivität dem Menschen angeboren, vererbt oder von seinem sozialen Umfeld bedingt ist, unabdingbar zum Verhalten des Menschen. Mit der Ermordung von Simon und Piggy zeigt Golding, dass soziale Regeln und Tabus jederzeit ohne Angabe von Gründen durchbrochen werden können, sogar das religiös wie sozial stärkste Tabu, das Tötungsverbot. In Anlehnung an Freuds Theorie der Instinkte stehen Jack und sein irrationaler Machtapparat für das primitive, äußerst machtvolle **Id,** das Es. Piggy repräsentiert das **Super-Ego,** das Über-Ich, das zu Reflexion, Kritik und Selbstkritik fähig ist. Ralph steht für das **Ego,** das Ich, das sich zwischen beiden Polen befindet. Piggy wie auch Ralph – er ist den Leidenschaften noch etwas mehr verbunden als Piggy – sind in *Lord of the Flies* dem Es gegenüber im Nachteil. Beide werden von ihm ins Verderben gerissen, wenn auch Ralph durch ein gnädiges Schicksal mit dem Leben davon kommt.

Tabu
‚Tabu', englisch „taboo", ist ein polynesisches Wort und bedeutet ‚that which is forbidden.' In dieser Bedeutung bezieht es sich auf

das ‚Unantastbare' als positive Kraft, das dem Menschen Segen bringt, wenn er mit ihm in Kontakt kommt, aber auch das ‚Unantastbare' als negative, dem Menschen verwehrte Kraft, die ihm den Tod bringen kann. In *Lord of the Flies* ist es Simon, dem der Kontakt mit dem Herrn der Fliegen (vgl. S.49/50 dieses Bandes) den Tod bringt.
Heute ist der Begriff des Tabus Teil der sozialen, kulturellen und religiösen Tradition und umreißt eine Beziehung oder Situation, die durch Grenzen und Verbote charakterisiert ist. In Goldings Roman führt das Brechen des stärksten Tabus, welches menschliche Zivilisationen kennen, des Verbotes zu töten, zum Chaos. Kann man das Töten von Schweinen zum Zwecke der Nahrungsbeschaffung noch rechtfertigen, so sind die Morde an Simon, Piggy und der nicht vollendete dritte Mord an Ralph (vgl. dazu Kapitel 5, S.48 ff dieses Bandes) Tabubrüche, die zur Zerstörung von Zivilisation und Gesellschaft führen.

Kopfjagd und Kannibalismus

Mit dem Symbol des an beiden Enden zugespitzten Speers, der für Ralphs abgeschnittenen Kopf gedacht war – er sollte neben dem Schweinekopf als Opfergabe aufgespießt werden –, geht Golding sogar noch einen Schritt weiter und spielt auf die heute nicht mehr anzutreffende Kopfjagd und den Kannibalismus an. Mit der Erbeutung des Schädels einer stammesfremden Person und dem Verzehr von Teilen seines Körpers überträgt der Stamm die Lebenskraft und die Aura des Feindes – Ralph, ehemaliger Führer des Stammes, ist jetzt dessen Feind – auf sich selbst. Der Kopf ist damit nicht nur Opfergabe, sondern auch Trophäe. Er erlangt magische Kraft und verleiht machtvolles Prestige bei den traditionellen Kriegs- und Männlichkeitsriten, die auch für „Jacks's tribe" so wichtig sind.

Die faschistische Persönlichkeit

Irrationalität herrscht vor auch bei der Entwicklung des Individuums zum Führer und Tyrannen und – damit verbunden – der faschistischen Persönlichkeit. Die Machtposition Jacks, der den Leser an Hitler erinnert, und seines Schergen Roger (Himmler) beruht auf Gehorsam, Massenpsychose *(mass hysteria)*, Führerkult, Verherrlichung von Gewalt und Terror und dem fatalen Hang der totalitären Gesellschaft, Außenseiter für Probleme verantwortlich zu machen oder diese in böse Kräfte außerhalb, etwa den Herrn der Fliegen oder das wilde Tier zu projizieren. Die Ideale der offenen Gesellschaft, die in dieser gesellschaftlichen Konstellation keine Chance haben, nämlich Gespräch, Konsens und demokratische Wahlen, sind hierbei immer mitgedacht.

Disziplin, Gesetz und Ordnung

Goldings Roman zeigt, dass die von den gesellschaftlichen Institutionen den Menschen auferlegte Disziplin nicht automatisch Garant von Gesetztestreue und Ordnung ist. Die paradiesische Insel gleicht einem psychologischen, politischen und sozialen ‚Labor'. Durch die Freisetzung der primären Instinkte und Wünsche der Jungen erweisen sich die anerzogenen Normen und Regeln einer vernünftigen, demokratisch verfassten Gesellschaft als wirkungslos.

Hierin liegt, was die Botschaft des Romans angeht, eine gewisse Gefahr; denn wenn die Demokratie und mit ihr Gesetz und Ordnung von vornherein keine Chance gegen Terror und Totalitarismus haben, dann können unbedarfte Leser, die sich nur mitreißen lassen, die Botschaft des Romans mit dem grundsätzlichen Nichtfunktionieren westlicher Demokratien gleichsetzen. Solche Interpretationen sind möglich, gehen jedoch am Wesentlichen des Romans, seiner reinigenden kathartischen Wirkung, vorbei.

Der Krieg

Der Krieg – die Jungen sind Überlebende eines Flugzeugunglückes während des dritten Weltkrieges, der aus dem Kalten Krieg und dem Wettrüsten hervorgegangen ist – bestimmt als Grundthema den Hintergrund und begrifflichen Rahmen des

Romans. Auf den Abwurf der ersten Atombombe auf Hiroshima wird angespielt und der Kampf des Bösen gegen das Gute mag auch die unselige McCarthy-Ära, ebenfalls Ausfluss des Kalten Krieges, in Erinnerung rufen. Damals trieb politische Infamie und Hysterie unschuldige US-Bürger ins Verderben – neben dem außenpolitischen ein innenpolitisches Desaster, das einen jeden US-Bürger vernichten konnte.

Die Erbsünde und die verlorene Unschuld

Aus religiöser Sicht entspricht Golding nicht der Erwartung des normalen Lesers, dass am Ende Frieden herrsche. So spielt auch das theologische Thema der Erbsünde *(original sin)* und die Vertreibung aus dem Inselparadies eine zentrale Rolle im Roman.

Erschöpft von der tödlichen Hetzjagd beweint Ralph am Ende des Romans den Verlust der Unschuld *(innocence)*. Es ist das durch leidvolle Erfahrung erworbene Wissen, dass vernünftiges Handeln in einer zivilisierten Gemeinschaft durch unsere bösen Triebe bedroht ist und dass Zivilisation nur entstehen kann durch die ständige Anstrengung, uns gegen und über die Bedrohung durch die Barbarei zu erheben.

Durch die grundlegende Entscheidung Goldings, den Sieg des Bösen im Menschen literarisch zu gestalten, bleibt daher kein Raum für das aus der Erbsünde resultierende Gnadenangebot Christi und die damit verbundene Hoffnung auf Erlösung der christlichen Religionen, es sei denn man interpretiert die Rettung der Jungen durch die englische Marine als optimistischen Neuanfang.

5 Interpretation von Schlüsselstellen

Demokratie und Muschelhorn (S. 16–17, 21–24, 32, 35, 36–39, 41–42 und 47–51)

"“What's that?” Ralph stopped smiling and was pointing into the lagoon. Something creamy lay among the ferny weeds. “A stone.” “No. A shell.”" (S. 16)

Die Muschel, die Ralph am Strand entdeckt hat, wird von Piggy als „conch“, als Muschelhorn bezeichnet. Es ist nicht nur besonders groß und wertvoll, sondern man kann es auch dazu benutzen, Menschen herbeizurufen. Nach einigem Üben gelingt es Ralph, der Muschel einen lauten, durchdringenden Ton zu entlocken, so dass die anderen Jungen herbeigeeilt kommen. Dieses erste Treffen dient den Jungen, die dabei sind, die Insel in Besitz zu nehmen (vgl. S. 32), als erste Orientierung und der Klärung der Frage, wer die Führung übernimmt. Wider Erwarten wird nicht Jack, der Anführer des Chors, zum „chief“ gewählt, sondern Ralph, “him with the shell” (S. 24). Es ist “an election by acclaim of Ralph himself“ (ebda.), eine nicht geheime Wahlentscheidung auf Zuruf im Sinne direkter Demokratie. Für die Jungen ist es noch ein Spiel, “this toy of voting” (ebda.). Doch geht vom Symbol des Muschelhorns eine Kraft aus, die sich auf dessen Besitzer überträgt und ihm zum Wahlsieg verhilft.

Aber mit der Wahl Ralphs geht eine erste Verletzung oder Demütigung Jacks einher. Und hier begeht Ralph, unbewusst zwar, seinen ersten Fehler. Er überlässt Jack als Ausgleich freiwillig den Chor, der sogleich zur „army“ und zu Jägern wird (vgl. S. 24, 35). Der Leser fragt sich, wozu die Jungen auf einer friedlichen paradiesischen Insel eine Armee brauchen. Wo sind die Feinde? Ralph sieht die Gefahr, die von Jacks Armee ausgeht, erst, als sie schon eine Institution geworden ist und versucht, dem Treiben der Jäger die ordnende Kraft des Muschelhorns entgegenzusetzen:

"And another thing. We can't have everybody talking at once. We'll have to have 'Hands up' like at school." (S. 36).

Wer reden will, bekommt das Muschelhorn und wird, solange er redet, nicht unterbrochen, "except by me [Ralph]" (ebda.). Die Muschel ist Symbol der Ordnung und des Anstands der Gesellschaft, aus der die Jungen kommen und die sie erzogen hat. Begeistert stimmt deshalb auch Jack zu, um sogleich wieder gefährlich über das demokratische Ziel hinauszuschießen:

> "We'll have rules!" he cried excitedly. "Lots of rules. Then when anyone breaks 'em –" "Whee-oh!" "Wacco!" "Bong!" (ebda.).

Es geht ihm offenbar nicht um die Regeln selbst, sondern um die Möglichkeit, Bestrafungsaktionen bei deren Nichtbefolgung durchzuführen: je mehr Vorschriften, desto mehr Regelverletzungen und Bestrafungen. Die begeisterte Zustimmung der Umstehenden scheint ihm Recht zu geben.

Auch mit der Gleichheit vor dem Gesetz haben die Jungen so ihre Schwierigkeiten. Erst als Piggy und danach Ralph direkt eingreifen, bekommt einer der kleineren Jungen die Chance zu reden. Der ist jedoch inzwischen durch das Gelächter der anderen so eingeschüchtert, dass er keinen Ton mehr herausbekommt (vgl. S. 38/39). Auch die Autorität Ralphs, des Muschelträgers, wird in dem Augenblick nachhaltig eingeschränkt, wenn nicht gar zerstört, als er den Ausdruck „make a fire“ (S. 41) ins Spiel bringt. Plötzlich denken die Jungen nicht mehr an ihre Rettung, sondern rennen hinter Jack, dem Feuermacher, her: "Ralph was left, holding the conch, with no one but Piggy." (S. 42).

Piggy sieht sofort das Irrationale in ihrem Verhalten, "acting like a crowd of kids!". Mit dem gequälten Ausdruck eines Erwachsenen, der machtlos ist gegen den sinnlosen Ausbruch der Kinder, nimmt er das Muschelhorn, das Symbol der Ordnung, an sich und folgt den anderen. Mit dem Feuer, einem der Grundelemente der menschlichen Zivilisation, ist aber zugleich die Zerstörung möglich geworden. Die Tendenz zur Abkehr vom Konsensverfahren der Demokratie verstärkt sich wenig später oben auf dem Berg noch. Jack teilt Piggy, der reden will und die Muschel in der Hand hat, in brutaler Offenheit mit: "The conch doesn't count on the mountain." (S. 46). Mit anderen Worten: Die Prinzipien der Demokratie gelten nicht in meinem Reich. Zwar gelingt es Ralph, ihn vorerst davon zu überzeugen, dass das demokratische Verfahren überall auf der Insel gilt, aber es geht Jack wiederum eher um das Gehorchen und nicht um das freiwillige Einhalten von Regeln: "We've got to have rules and obey them. We're English; and the English are best at everything. So we've got to do the right things." (S. 47).

Diese chauvinistische, einseitig nationalistische Einstellung, häufig anzutreffen im England des 19. und zu Beginn des 20. Jahrhunderts, die er aus der Welt der Erwachsenen übernommen hat, tut das Übrige, um sein Bekenntnis Lügen zu strafen.

Das Feuer, das die Jungen – ironischerweise – mit Hilfe von Piggys Brille angezündet haben (vgl. S. 44/45), ist inzwischen unberechenbar geworden. Die Faszination und die Furcht, die von ihm ausgehen, machen schließlich sogar Ralph zum Wilden. Er verbietet Piggy, der die Muschel in der Hand hat, den Mund, weil er weiß, dass er sich gegen die durch das Feuer ausgelöste Verwirrung aussprechen will: Während die anderen die immer größer werdenden Flammen bewundern, schaut Piggy "nervously into hell and cradled the conch." (S. 49). Das Höllenfeuer lässt ihn das Muschelhorn ängstlich an sich drücken, auf dass es ihm helfe. Da er von niemandem Unterstützung erhält, verliert er die Geduld und übt deutliche Kritik am unverantwortlichen Verhalten der Jungen:

> "Then when you get here [the castle rock] you build a bonfire that isn't no use. Now you been and set the whole island on fire." (S. 50).

In diesem Augenblick erscheint uns Piggy zum ersten Mal als eine tragische Figur, die verzweifelt und umsonst gegen das ausbrechende Chaos anredet. Zwar können die Jungen später das Feuer noch einmal unter Kontrolle bringen, aber Ralph und Piggy – und mit ihnen das Muschelhorn – haben in einem entscheidenden Moment an Kraft und Autorität verloren. Piggy hat sich – so unverständlich uns dies scheinen mag – durch sein rationales Verhalten an den Rand der Gemeinschaft manövriert und es ist absehbar, dass auch Ralph ihm bald nicht mehr helfen können wird. Verzweifelt und nach Atem ringend bleibt ihm an Ende dieser Szene noch festzustellen, dass der kleine Junge mit dem Muttermal verschwunden ist:

"“That litll'un –” gasped Piggy –“him with the birthmark on his face, I don't see him. Where is he now ?” The crowd was as silent as death." (S. 51).

Mit dem Begriff der Masse *(crowd)*, der hier von Golding zum wiederholten Mal benutzt wird, ist das Gegenteil von Demokratie, Ordnung und Verantwortung gemeint. Er beinhaltet Anarchie, Gesetzlosigkeit, Feuerbrand und Tod.

In diesen ersten beiden expositorischen Kapiteln des Romans versucht Golding darzustellen, dass die Demokratie eine Chance hat, wenn sich genügend vernünftige Menschen finden, die sich für sie einsetzen. Am Ende bleiben nur Piggy und – mit gewissen Einschränkungen schon – sein Freund Ralph übrig. Wird es ihnen gelingen, sich der anti-demokratischen „crowd mentality“ zu entziehen?

Noch ist die Entscheidung im Kampf der widerstreitenden Kräfte nicht gefallen, aber der Leser ahnt nichts Gutes. Das ‚wilde Tier‘, das einer der Kleinen gesehen haben will (vgl. S. 39), ist schon auf der Insel. Wen wird es zuerst fressen, wen wird es verschonen ?

Aus Spiel wird Ernst: Auf dem Weg in die Katastrophe (S. 65–69, 76/77 und 81/82 von Chapter 4)

Nachdem die Jungen scheinbar die Notwendigkeit eingesehen haben, ihr Leben auf der Tropeninsel nach demokratischen Regeln zu organiseren, setzen sie ihre Entscheidungen praktisch um, indem sie versuchen, Hütten zu bauen (Ralph, Piggy und Simon) und Fleisch zu beschaffen (Jack und seine Jäger). Dies scheint eine natürliche Arbeitsteilung zu sein. Doch es kommt zu ersten Umstimmigkeiten, da Jack und seine Jäger über ihrem Jagdfieber das Signalfeuer ausgehen lassen, das doch zu ihrer Rettung bestimmt ist.

Die ursprüngliche Einteilung der Jungen in „biguns“ (Jack, Ralph, Piggy und Simon), eine eher vage zu umreißende mittlere Gruppe (u.a. Roger, Robert und Maurice) und die „littluns“, die sechsjährigen, die zu Alpträumen neigen, oft Bauchweh haben und ansonsten nur essen, spielen und schlafen, bekommt damit einen ersten Riss.

Man kann dieses 4. Kapitel als ein kunstvolles Szenario sich verdichtender Anzeichen und Hinweise auf die kommende Katastrophe bezeichnen. Sie entwickeln sich – paradoxerweise, so scheint es – aus den Spielen der Kinder. Wir sehen Henry, Percival und Johnny, „three littluns“, am Strand Sandburgen bauen. Das friedliche Bild wird durch Maurice und Roger zerstört, die absichtlich mitten durch die Burgen gehen,

> “... kicking them over, burying the flowers, scattering the chosen stones. Maurice followed laughing and added to the destruction.” (S. 65).

Dem kleinen Percival wirft er dabei Sand in die Augen. Gewissensbisse hat er deswegen kaum, denn es ist niemand da, der ihn hätte tadeln oder bestrafen können: “At the back of his mind formed the uncertain outlines of an excuse.” (ebda.).

Aber die Entschuldigung kommt nicht, da der Einfluss “of his other life”, der Gesellschaft, die sie auf die Insel entlassen hat, kaum noch spürbar ist.

Auch die nächste bedrohliche Situation erwächst aus einer zunächst harmlosen Spielszene. Golding macht sich dabei die ‚natürliche‘ Neigung spielender Kinder, mit Steinen zu werfen, zunutze. Roger folgt inzwischen dem am Strand entlang laufenden Henry.

Ausgelöst durch vom Baum fallende Nüsse, die ihn glücklicherweise nicht treffen, kommt Roger auf die Idee, den kleineren Henry mit Steinen zu bewerfen, aber immer so, dass ein letzter Zwischenraum bleibt, über den hinaus er nicht zu werfen wagt. Der Stein, "the token of preposterous time" (S. 67) ist das erste Motiv, das mit dem zweiten, dem "taboo of the old life" eng verknüpft ist (zum Tabu als einem zentralen Motiv vgl. Kapitel 4, S. 35 f.). Der Stein ist ein dunkles gefährliches Zeichen aus der menschlichen Vorzeit. Irgendwann in seiner Entwicklung hat der Mensch ihn als zielgerichtete Erweiterung der Hand erkannt, zum Bearbeiten von Gegenständen, aber auch als Wurfgeschoss zum Töten von Tieren und Menschen. Der Zwischenraum, der noch bleibt, ehe der Stein, womöglich tödlich, trifft, ist bedingt durch "the taboo of the old life". Damit ist das unbewusst wirkende christlich-humane lebenserhaltende Tötungsverbot gemeint, aber auch die Verbote und Regeln, die durch die politischen, moralischen und soziokulturellen Traditionen, Elternhaus, Schule und Staat, weitergegeben werden. Indes ist es ein Tabu, das der Zivilisation entstammt, von der sich die Jungen auf der Insel bewusst und unbewusst zu lösen beginnen: "Roger's arm was conditioned by a civilization that knew nothing of him and was in ruins." (S. 67).

Die – latente – Tötungsabsicht, die mit dem Akt des Steinewerfens unabdingbar verbunden ist, ist und bleibt im Spiel. Denn die Werte der Zivilisation, die Roger noch davon abhalten, einen tödlichen Wurf auszuführen, sind schon im Verschwinden begriffen, liegen unter den Steinen des Strandes begraben. Roger, der sich hier ‚tastend im Töten übt', perfektioniert, wie wir noch sehen werden, später seine Technik.

Auf welche Weise Tabus die schwachen Punkte eines Individuums, einer Gemeinschaft aufzeigen können, hat Golding in den sich anschließenden Szenen meisterhaft illustriert.

Mit dem Ruf: „Roger", verhindert Jack, die Bedeutung der Steinwurfszene verkennend, unbewusst Schlimmeres:

> "Jack was standing under a tree about ten yards away. When Roger opened his eyes and saw him, a darker shadow crept beneath the swarthiness of his skin; but Jack noticed nothing." (S. 68).

Jack wird von einigen Interpreten an dieser Stelle als „Versucher“ Rogers gesehen[8]. Aus Goldings Text geht nicht eindeutig hervor, ob Jack Roger beim Steinewerfen beobachtet hat, auch kommentiert er weder die Steinwurfszene noch bemerkt er den Schatten. Und so gewinnt der Leser den Eindruck, dass der dunkle Schatten, der unter Rogers braungegerbte Haut kriecht, eher der Schatten des Todes ist, der, bedingt durch die Kraft des Tabus, diesmal noch seine Ernte nicht einfahren kann und dessen sich Roger unbewusst schämt.

Was bei Roger sich durch den Steinwurf und die Reaktionen darauf äußert, ist bei Jack, nur scheinbar unabhängig von dieser Szene, im Phänomen der Maske gestaltet (zum Phänomen der Maske vgl. S. 34 dieses Buches):

> ““They [the pigs] don’t smell me. They *see* me, I think. Something pink, under the trees.” He smeared on the clay. “If I only had some green!”” (S. 68).

Jacks ‚make-up‘, so gibt er vor, dient ihm zunächst zur Tarnung vor dem Wild, das es zu erlegen gilt. Aber die einfache, an sich harmlose Szene gewinnt im Zuge der Bemalung seines Gesichts, “For hunting. Like in the war.” (S. 68) eine völlig andere, dem Spielerischen entzogene Dimension:

> “Jack planned his new face. He made one cheek and one eye-socket white, then rubbed red over the other half of his face and slashed a black bar of charcoal across from right ear to left jaw. [...] [Looking into a coconut that serves as a mirror] He knelt, holding the shell of water. [...] He looked in astonishment, no longer at himself but at an awesome stranger. [....] Beside the mere [Wasserlache], his sinewy body held up *a mask* that drew their eyes and appalled them. He began to dance and his laughter became a bloodthirsty snarling. He capered towards Bill, and the *mask* was a *thing of its own,* behind which Jack hid, liberated from shame and self-consciousness. [...]” (S. 69).

Die Maske, hier: das bemalte Gesicht, sichtbar geworden auf der Wasseroberfläche, hat das Individuum verwandelt. Es kann sein Gewissen hinter ihr verstecken. Und dann legt ihre böse Magie den bisher verborgenen Tötungstrieb und die damit einhergehenden Aggressionen frei. Der instinktiv vollzogene Tanz Jacks unterstreicht seinen Identitätsverlust. Scham und Befangenheit *(self-consciousness)* als Ausdruck des Gewissens und der Moral sind nicht mehr da. Das Lachen – und was für ein Lachen – endet im blutrünstigen Fletschen der Zähne.

Die Maske mit ihrer gefährlichen transformierenden Kraft steht hier für den Akt der negativen Befreiung von jeglichen Hemmungen. Sie ist ein Beispiel dafür, wie sich Verhalten symbolisch verselbstständigen kann in einem Ausmaß, dass es einen Rückschritt darstellt zu primitiven Verhaltensweisen, wie sie uns von den steinzeitlichen Menschen berichtet werden.

Die szenische Parallelität zwischen Rogers ‚Steinwurf' und Jacks ‚Maske' ist gerade im Hinblick auf die in diesen Szenen enthaltenen Angriffsaggressionen und die, wie Hoimar v. Ditfurth formuliert, latente Bereitschaft zum „intraspezifischen Totschlag"[9], zum Mord an Mitgliedern der eigenen Gattung, so frappierend, dass der Leser automatisch in eine bestimmte Erwartungshaltung gedrängt wird. Er sieht die Zeichen an der Wand, mag ihnen aber noch nicht so ganz glauben. Denn eigentlich ist ja noch nichts passiert.

Die abschließende Konfrontation zwischen der Gruppe der Jäger, die über ihrer Jagdleidenschaft das Feuer vergisst und Ralph und Piggy, die die Probleme mit Hilfe der Vernunft lösen wollen –

> "[Jack] spread his arms wide. "You should have seen the blood!" [...] Ralph brought his arm down, fist clenched, and his voice shook. "There was a ship. Out there. You said you'd keep the fire going and you let it out."" (S. 76)

– lässt uns ahnen, in welcher Weise der Konflikt zwischen der ‚ratio' und den primären Instinkten ausgetragen werden wird:

> ""We needed meat."" begründet Jack sein ‚Fehlverhalten' "[and] stood up as he said this, the bloodied knife in his hand. The two boys faced each other. There was the

brilliant world of hunting, tactics, *fierce exhilaration* [dt. etwa ‚Hochgefühl wilder Begeisterung'], skill; and there was the world of longing and *baffled common-sense* [des verwirrten, vor einem Rätsel stehenden gesunden Menschenverstandes]." (S. 77).

Jack, mit blutverschmiertem Messer in der Hand, kann weder die Kritik Ralphs noch weniger aber die Piggys und "the wails of agreement from some of the hunters" (S. 77) ertragen. Ein Fausthieb in den Magen Piggys und ein weiterer an seinen Kopf führen dazu, dass Piggys Brille, das Symbol des pragmatischen gesunden Menschenverstandes, auf die Felsen fällt, wobei ein Brillenglas zerbricht. Abgesehen davon, dass zum Entzünden des Feuers als lebensspendendem Element nur noch ein Glas zur Verfügung steht, zerbricht dabei auch ein Teil des „common sense", der der „fierce exhilaration" Einhalt gebieten könnte. Wenn das zweite Glas zerstört worden ist, wird sich auch das Schicksal der Jungen auf der Insel erfüllt haben. Ralph gelingt es nur, Jack zu einer Teileinsicht in sein Fehlverhalten zu bringen, wobei letzterer immer bemüht ist, Kritik durch Aggression zu überspielen. Am Ende gewinnt Jack seine Jäger und fast sogar Ralph für sich und ‚seine Sache':

"Then Maurice pretended to be a pig and ran squealing into the centre, and the hunters, circling still, pretended to beat him. As they danced, they sang. "Kill the pig. Cut her throat. Bash her in." Ralph watched them, envious and resentful. [...]" (S. 81/82).

Die szenische Wiederholung des Tötungsaktes, bei der ein Mensch das getötete Tier, das ‚Opfer' darstellt, zeigt die Macht des Triebhaften, die sich im Ritus des Stammestanzes vollzieht und die das Denken, die Reflexion in den Hintergrund drängt. Und wiederum ist es nur eine Frage der Zeit, wann diese Macht Vernunft und durch den „common sense", den gesunden Menschenverstand, kontrolliertes Verhalten völlig ausschalten wird.

Blicken wir noch einmal zurück auf den Satz, mit dem Golding Rogers Wandlung zum potentiellen Killer beschreibt: "[His] arm was conditioned by a civilization that knew nothing of him and was in ruins." (S. 67). Der Leser erwartet eigentlich "a civilization that Roger had forgotten and was in ruins." Aber die in Goldings Konstruktion enthaltene Folgerung geht weiter. Er fragt sich und uns, ob wir uns auf unsere westliche Tradition und Zivilisation verlassen können, wenn sie so schnell den angeborenen „natürlichen" Instinkten weichen.

Zusammendfassend kann man sagen: Die hier vorgestellten Szenen und Motive des 4. Kapitels – Stein, Tabu, Maske und ritueller Tanz – gehören zu den wichtigsten des Romans. Sie sind interpretatorisch eng miteinander verzahnt und gewinnen ihre Bedeutung im stufenweisen Aufbau innerhalb des Kapitels. Vom Romantechnischen wie auch von der Psychologie der Charaktere her ist eine Wende, ein *turning-point,* besser noch ein *point of no return* erreicht. Der Leser weiß von nun an, dass sich das böse Ende nicht mehr aufhalten lässt.

Geistesverwirrung, Mord und Holcaust

Im folgenden Kapitel werden vier zentrale Stellen des Romans interpretiert und miteinander verknüpft: Simons, den Leser anfänglich verwirrende, Niederlage im Gespräch mit dem Herrn der Fliegen (Kapitel 8, S. 158/59), der Mord an Simon (Kapitel 9, S. 167/68 und Piggy (Kapitel 11, S. 199/200) und das Ende der Zivilisation im Holocaust (Kapitel 12, S. 219/220).

Die symbolische Vorwegnahme todbringender Ereignisse ist, wie wir schon an anderer Stelle gesehen haben, eines der Hauptkennzeichen des Romans. Dies wird besonders deutlich in Simons mystischer Konfrontation mit dem von den Jägern aufgespießten Schweinekopf, der ihn zuerst darin bestärkt, dass man gegen den unendlichen Zynismus der Erwachsenen nichts ausrichten kann, um ihn dann systematisch unter Druck zu setzen.

Es ist ein Kampf zwischen Gut und Böse, der sich im Inneren des hochsensiblen Simon abspielt, wobei die Stimme des Guten zunehmend überlagert wird von der einschüchternden Propaganda des Teufels. Und dabei wird der Junge sich immer mehr bewusst, dass ihm niemand auf der Insel helfen kann, "only me," so der aufgespießte Schweinekopf, "And I'm the Beast." (S. 158). Simon, so eine psychologische Erklärung, versucht sich seiner Impulse, Wünsche, Ängste bewusst zu werden, indem er sie in den Schweinekopf projiziert. Da er jedoch das Gute und zugleich das Böse in ihm in den Herrn der Fliegen, die Verkörperung allen Übels, hineinverlagert, ist vorhersehbar, dass er den Kampf verliert: "You knew, didn't you? I'm part of you? [...] I'm the reason why it's no go? Why things are what they are?" (S. 158).

Der Kampf in seinem Inneren wird schließlich so heftig, dass Körper und Geist es nicht mehr aushalten können: "He knew that one of his times was coming on." (S. 158). Bis zuletzt setzen sich die guten Kräfte in ihm gegen das Böse zur Wehr. Es folgt eine letzte Warnung Beelzebubs, dass Spaßverderber auf der Insel nicht erwünscht sind, denn Spaß ist das ungehemmte Ausleben primitiver Leidenschaften. Was Simon bleibt, ist Leere, sich ausbreitende Schwärze, verbunden mit einer unverhüllten Todesdrohung, falls er dem Herrn der Finsternis nicht willfährig ist:

> "Simon found he was looking into a vast mouth. There was blackness within, a blackness that spread. "– Or else," said the Lord of the Flies,"we shall do [kill] you. See? Jack and Roger [...]. Do you. See?" Simon was inside the mouth. He fell down and lost consciousness.“ (S. 159).

Nach dieser letzten Drohung verschwindet Simon im schwarzen Schlund des Teufelskopfes. Er verliert das Bewusstsein. Vordergründig handelt es sich natürlich um die Halluzinationen eines übererregten jungen Epileptikers, aber die dunkle Symbolik deutet voraus auf die Morde, ohne die der „Spaß“ in dieser Welt nicht zu haben ist.

Blitze am Himmel, dunkle Wolken künden Unwetter an. Die Jungen, eigentlich satt und zufrieden nach einer ausgiebigen Mahlzeit, tanzen den tödlichen Tanz der Jäger mit Roger als ‚Opfer‘ in der Mitte. Rhythmischer Sprechgesang "Kill the beast!

Cut his throat! Spill his blood!" (S. 167/168) vermischt sich mit stampfenden Körpern, die um ihr Opfer kreisen, bis Roger seine Rolle als „pig" aufgibt und sich in den Kreis der Jäger einreiht. Zwei komplementäre Kreise entstehen, die sich schließlich zu einem Hufeisen öffnen, in das ein unbekanntes Wesen aus dem Wald taumelt, das wilde Tier (S. 168). Es ist Simon, der etwas über einen toten Mann auf dem Berg herausschreit. Aber das rhythmische Stampfen und der frenetische Sprechgesang übertönen seine Stimme. Simon versucht, den sich um ihn schließenden Kreis zu durchbrechen und fällt über den Felsen auf den Strand. Die Meute folgt ihm schreiend und schlägt, beißt und reißt ihn zu Tode: "There were no words and no movements but the tearing of teeth and claws." (S. 168).

In ironischer Umkehrung wird der unschuldige Simon, der alles aufklären will, für das wilde Tier gehalten und von der hysterischen Masse, dem eigentlichen „beast", ermordet.

Auch der Tod Piggys, die finale Jagd auf Ralph und der Brand der friedlichen Insel gehören zu den Prophezeiungen des *Lord of the Flies*. Ralph und Piggy wollen – noch ein letztes Mal – mit den Jägern über ihre Rettung reden und Piggys gestohlene Brille zurückholen. Piggy will reden, wird aber zuerst ausgebuht. Seine Appelle an die Vernunft, an die Regeln des Kompromisses, an Recht und Ordnung verhallen ungehört (vgl. S. 199/200). Die Meute ist durch seine Worte am Ende so aufgebracht, dass Roger, taumelnd, im Delirium fast, sein Körpergewicht gegen den Hebel stemmt und den Felsen löst, der Ralph verfehlt, aber das Muschelhorn zerfetzt und Piggy durch die Luft wirbelt, so dass er mit dem Rücken auf einen breiten Felsen im Meer klatscht (vgl. S. 200).

Piggy wusste, dass es nur in einem auf Vernunft basierenden Gemeinwesen den Herrn der Fliegen nicht gibt. Seine Tragik liegt darin, dass alle anderen Jungen, in gewisser Hinsicht selbst Ralph, im Rausch kollektiven Wahnsinns aufgehen. Da hat der Intellektuelle und das verantwortliche Individuum keine Chance mehr.

Dieser zweite Mord rührt Jack denn auch noch weniger als der erste und er wirft sogleich seinen Speer mit voller Wucht in Ralphs Rippen (ebda.). Dem bleibt von nun an nichts anderes mehr übrig, als um sein Leben zu rennen. Eine Gemeinschaft gibt es für ihn nicht mehr.

Es gelingt Ralph nach tagelanger Verfolgung durch die wilde Meute sich in ein Dickicht zu flüchten. Aber die an beiden Enden zugespitzten Speere der ‚Kannibalen' (vgl. S. 210, 219) stehen schon bereit für eine weitere Opfergabe an Beelzebub. Mit einem Schrei der Angst und der Verzweiflung bricht Ralph aus dem Dickicht hervor (S. 220) und läuft davon, seine Henker hinter ihm her, "all crying out madly" (S. 220). Ralph verspürt keine Schmerzen mehr. Er ist nur noch "hopeless fear on flying feet." (S. 220). Damit scheint auch der letzte Junge, der es wagte, dem Herrn der Unterwelt Widerstand zu leisten, zur Strecke gebracht. Vernichtet durch die Feuersbrunst ist auch die paradiesische Insel.

Die Tatsache, dass der Todesstoß nicht kommt und dass die Jungen von der Royal Marine gerettet werden, ist für die Botschaft des Romans unerheblich. Die Soldaten entstammen einer Welt, in der der Holocaust, der Weltenbrand, das atomare Finale, gerade erst begonnen hat, die Inselwelt der Karibik aber noch nicht erreicht hat. Somit haben sich sämtliche Prophezeiungen des Fliegengottes erfüllt.

Wie sagte der Herr der Fliegen noch zu Simon:

"[...] You're not wanted. Understand? [...] We are going to have fun on this island! So don't try it on, my poor misguided boy, or else –" (S. 159).

Literaturgeschichtliche Einordnung

Autoren der Moderne neigen dazu, die Beziehungslosigkeit des Menschen, seine moralische, gesellschaftliche und psychische Zerrissenheit zu thematisieren. Sie verzichten offenbar darauf, sich mit der Gottesfrage auseinander zu setzen. Religiöse und mythologische Deutungsmuster der Welt scheinen ihnen fremd. Sieht man die zuvor genannten Merkmale als Kennzeichen der modernen Literatur, dann gehören Goldings Romane, so scheint es, nicht zum Mainstream des modernen englischen Romans des 20. Jahrhunderts.

Auch sein Geschichtsbild ist auf den ersten Blick nicht eindeutig der Tradition des Humanismus und der europäischen Aufklärung verhaftet. So ist Geschichte für ihn erst einmal nicht evolutionärer Fortschritt im Sinne Darwins oder H. G. Wells', auch nicht Fortschritt, der aus dem Gespräch, dem ‚Diskurs' vernünftiger Menschen sich entwickelt, sondern sie ist geprägt durch den Gegensatz von Gut und Böse, Schuld und Unschuld, Freiheit und Sklaverei, Gott und Teufel.

Auch *Lord of the Flies* folgt diesem begrifflichen Muster. Folgerichtig wird der Leser anfänglich in die Irre geführt wird, denn er glaubt sich in einem Südseeinselparadies, in dem es sich sorgenfrei leben lässt. Bei Daniel Defoe ist es *Robinson Crusoe,* der durch seine Arbeit und seine Vernunft das Paradies einer gottgesegneten Zivilisation erschafft, in der er der Natur, auch seiner eigenen, nicht mehr schutzlos ausgeliefert ist. Er ist Herr über die Welt und die Menschen, deren Staat er stiftet.

Das Motiv der paradiesischen Insel, auf der englische Jungen – unfreiwillig – ihr Glück versuchen, hat Golding von Robert M. Ballantynes *The Coral Island* direkt übernommen.

In Ballantynes viktorianischer Inselgeschichte werden drei Jungen – Ralph, Jack und Peterkin – als Schiffbrüchige auf eine pazifische Insel verbannt. Sie bauen Hütten, jagen, fischen und sammeln die Früchte der Insel. Den Kannibalen, die die Insel besuchen, zeigen sie sich ebenso gewachsen wie einer Bande von Piraten. Es gelingt ihnen schließlich, ihr Schiff wieder flott zu machen und – nicht ohne vorher einen Teil der Eingeborenen zur christlich-viktorianischen Zivilisation zu bekehren – nach England zurückzukehren.

Ballantynes Buch ist optimistisch. Das Böse befindet sich außerhalb der Charaktere und wird von ihnen mit Bravour besiegt. Bei den vier Hauptfiguren von *Lord of the Flies* – Golding ersetzt Peterkin durch Simon und fügt eine vierte, Piggy, hinzu – ist das Umgekehrte der Fall. Das Übel entwickelt sich aus dem Inneren der Personen und auch der äußere Feind ist nur die Projektion „of the evil within". *Lord of the Flies* ist durch diese Umkehrung zugleich Kritik des oberflächlichen Abenteuerromans und des selbstgerechten *Robinson Crusoe* wie auch der Ignoranz des viktorianischen Imperialismus von *The Coral Island.*

Während die Parallelen zur Robinsonade und zum Abenteuerroman klar ersichtlich sind, sind die Beziehungen von *Lord of the Flies* zur antiutopischen Tradition insbesondere des 20. Jahrhunderts weniger offensichtlich.

In *Brave New World* und *1984* stellen Huxley und Orwell den Endzustand einer Gesellschaft dar, deren negative Entwicklung sich zu ihren Lebzeiten schon andeutete oder von ihnen erfahren wurde. Huxleys dystopische [gr. ‚dys-' = schlecht] Drogen- und Mediengesellschaft, in der die ‚richtigen' Menschen biogenetisch angefertigt und psychisch konditioniert werden, ist genauso totalitär wie Orwells stalinistische Schreckensvision des „Big Brother is watching you".

Bewegung entsteht in diesen Romanen nur durch den individuellen Außenseiter, der sich gegen das totalitäre statische System auflehnt und kläglich scheitert.

Golding geht in *Lord of the Flies* den umgekehrten Weg. Er zeigt, wie Individuen, die in das ‚Paradies' hineingesetzt werden, zu zähnefletschenden Monstern und Mördern werden, obwohl es eigentlich keinen äußeren Anlass dazu gibt. Die Jungen vertreiben sich selber von der schönen Insel, indem sie sie in Flammen aufgehen lassen. Insofern ist *Lord of the Flies* dann doch wieder ein anti-utopischer Text. Die positive Utopie (gr. ‚u-topos' = Nicht-Ort und gr. ‚eu-topos' = angenehmer, schöner Ort) ist auch bei Golding nicht zu haben. Sie ist nur der ideelle Ausgangspunkt einer Entwicklung, die im Holocaust (gr. ‚holo' = ganz und ‚kauston' = verbrannt), der allgemeinen Zerstörung und dem Weltenbrand endet.

Dass die ersten Lektoren, die *Lord of the Flies* einzuschätzen haben, die Vielschichtigkeit dieses ‚Abenteuerromans' nicht erkennen, ist nicht verwunderlich. Sie halten ihn für eine absurde, uninteressante und langweilige Fantasie über die Explosion einer Atombombe in den Kolonien und eine Gruppe von Kindern, die irgendwo im Dschungel in der Nähe von Neuguinea landet. Abgelehnt, wie schon so oft. Aber der Cheflektor des Londoner Verlages Faber & Faber liest noch einmal ein wenig, nimmt später Kontakt mit Golding auf und bittet um Änderungen, die auch vorgenommen werden[10]. Schließlich wird noch ein neuer Titel gefunden, *Lord of the Flies,* und der Roman am 17.9.1954 in London herausgebracht. E. M. Forster und C. S. Lewis loben ihn sofort. Auch T. S. Eliot hält den Roman, den er widerstrebend mit nach Hause nimmt, für großartig und sowohl vom moralischen wie vom theologischen Standpunkt her für untadelig. Goldings erster Roman wird plötzlich gelesen und gekauft.

Auch in den USA nimmt zunächst kaum einer Notiz von dem Band. Nach zwei Jahren folgt eine Taschenbuchausgabe. Immer mehr Schüler und Studenten lesen den Roman, ohne dass er von der offiziellen Literaturkritik besonders empfohlen worden wäre. Schließlich wird er zur Standardlektüre bei Examen und Prüfungen in England und den USA und später, nach der Übersetzung in fast alle Sprachen der Erde, auf der ganzen Welt.

Am Abend der Verleihung des Literaturnobelpreises, 1983, wird Golding König Carl XVI Gustaf von Schweden vorgestellt, der ihn mit den Worten begrüßt: “It is a great pleasure to meet you Mr Golding. […] I had to do *Lord of the Flies* at school.”[11] Es ist typisch für diesen Roman, dass die Literaturkritik ihn erst zur Kenntnis nimmt, als er ein Welterfolg zu werden droht. Und die Meinungen der Gelehrten sind lange gespalten. Die einen halten Golding für einen der größten Schriftsteller unserer Zeit, andere halten ihn, insbesondere mit Blick auf *Lord of the Flies,* für übertrieben didaktisch und lehrhaft. Manche vorschnellen Kritiker lesen den Text sogar ausschließlich als spannendes Abenteuerbuch für Kinder und kommen zu dem Urteil: ohne jeden literarischen Wert.

Inzwischen hat sich die internationale Literaturkritik von diesen vorschnellen Urteilen entfernt. Für L. L. Dickinson etwa kombiniert Golding in *Lord of the Flies* die hervorragendsten Merkmale realistischer und allegorischer Erzählkunst. Für Theologen ist die religiöse Ebene wichtig, die Frage nach der Erbsünde und dem Sündenfall des Menschen und das von Golding nicht thematisierte Gnadenangebot des Christentums.

In manchen Instituten für Politische Wissenschaft ist die Lektüre von *Lord of the Flies* Voraussetzung für das Studium totalitärer Regierungsformen, etwa des Nationalsozialismus und des Stalinismus.

(Literatur-)Psychologen lesen den Roman im Sinne der Freudschen Theorie der Zurückdrängung des verantwortlichen Individuums durch das triebhafte Es, das in uns allen schlummert und Pädagogen sind schockiert über das Versagen privater und staatlicher Erziehung, welches sich in den schrecklichen Ereignissen auf der Insel zeigt.

Liberale Politiker und Wissenschaftler loben das Buch wegen seiner schonungslosen Enthüllung der Mechanismen politischer Korruption, die die Errichtung totalitärer menschenvernichtender Regime erst möglich machen.

Diese verschiedenen Reaktionen und Deutungsmöglichkeiten zeigen, dass es sich bei *Lord of the Flies* um ein literarisches Meisterwerk handelt, dessen Bedeutungsschichten so miteinander verzahnt und aufeinander abgestimmt sind, dass das internationale Lese- und Filmpublikum immer wieder aufs neue von ihm angesprochen wird.

Wenn man auf das 20. Jahrhundert zurückblickt, ein Jahrhundert von Mord, Gewalt, Tyrannei und abermillionen Toten, das sich noch einmal recht kriegerisch von uns verabschiedet, so kann man sagen: *Lord of the Flies* ist ein Buch, das wir ebenso wenig vergessen dürfen wie den Holocaust, um in Frieden zu (über)leben.

Literaturhinweise

Als Anregung zur weiteren Lekre Goldings, sollen abschließend kurze Hinweise zu seinen wichtigsten Werken gegeben werden.

Ein Jahr nach *Lord of the Flies* folgte Goldings zweiter Roman: ***The Inheritors*** (dt. *Die Erben*). Der Roman stellt einen auf den ersten Blick seltsamen Rückschritt in die Zeit der Vorgeschichte der Menschheit dar. Er schildert mit seinem positiven Helden Lok – man hat ihn mit Ralph, dem positiven Helden in *Lord of the Flies*, verglichen – die Geschichte eines Stammes von Neandertalern in seiner Auseinandersetzung mit dem Homo Sapiens, der Pfeil und Bogen und auch schon den Alkohol kennt. Die Neandertaler werden, da sie im Grunde friedliebend sind, systematisch durch Menschenraub ausgerottet. Sie haben der Agression des Homo Sapiens nichts entgegenzuzusetzen, genausowenig, wie die ‚zivilisierten Jungen' auf der Koralleninsel in der Lage sind, ihre Agressionen zu steuern.

Golding selbst hat *The Inheritors* als sein Hauptwerk bezeichnet. Es ist, da es das Vorbewusste und die Mythen der Vorgeschichte sprachlich und künstlerisch mitgestaltet, schwieriger zu lesen als *Lord of the Flies.* Aber beide Romane sind, was den Pessimismus und die tiefe Verzweiflung der Aussage angeht, fast identisch.

Im Jahre 1956 folgt der dritte Roman Goldings, ***Pincher Martin*** (dt. *Der Felsen des zweiten Todes).* Pincher Martin liegt ‚ertrunken' auf einem einsamen Felsen des Atlantischen Ozeans. Er ist über den Tod hinaus gelangt und befindet sich bereits in der ‚Hölle'. Dort erinnert er sich an ein Leben von Hochmut und Habgier, von Einsamkeit und Trotz. Er ist ein Mensch voll von Sünde, aber ohne Gnade, geschieden von Gott. Es fällt auf, dass theologisch-religiöse Fragen stärkeren Eingang in das Werk Goldings gefunden haben.

Der Held des vierten Romans, ***Free Fall,*** 1959, ist der Künstler Samuel Mountjoy. Samuel spielt auf den Jungen Samuel aus dem Alten Testament, Mountjoy auf den Ort von Dantes *Paradiso* an. Samuel wird in einem deutschen Kriegsgefangenenlager von einem Gestapo-Führer vernommen, der ihn dazu bringen möchte, die Fluchtpläne seiner Mitgefangenen zu verraten. Eingesperrt in einen Besenschrank, den er für eine Isolierzelle hält, kommt er in einer unerbittlichen Analyse seines Selbst zu der Erkenntnis, dass er für den Verrat an seiner Geliebten, seinen Mitgefangenen und seinen Mitmenschen generell nicht verantwortlich ist und vollzieht dann den Akt des symbolischen Sterbens. Damit erlebt er seine Wiedergeburt und Erlösung in einer Art von religiösem Mystizismus.

Der Roman ***The Spire,*** 1964, spielt im England des 14. Jahrhunderts. In ihm verwirklicht der Priester und Dekan Jocelin eine Vision: Er lässt seiner Kathedrale einen riesigen Turm hinzufügen. Seine Visionen und Handlungsmotive resultieren aus seiner nicht erfüllten Liebe zur jungen Goody Pagnall. Da er sie nicht haben kann, verheiratet er sie an den Krüppel und impotenten Kirchendiener Pagnall. Als sich Goody und Jocelins Baumeister Roger Mason ineinander verlieben, befindet sich der Dekan in einem moralischen Konflikt. Er zwingt den Baumeister, der die Baustelle mit seiner Frau verlassen will, zu bleiben. Das Schicksal nimmt seinen Lauf, als der Krüppel Pagnall aus Aberglaube von den Arbeitern in den Tod getrieben wird. Danach stirbt Goody im Kindbett. Roger erkennt die teuflische Besessenheit Jocelins zu spät und versucht sich umzubringen. Am Ende steht der Dekan alleine da. Er hat ein visionäres Werk vollbracht – um den Preis von Tod, Hass und Zerstörung im zwischenmenschlichen Bereich. Auch in diesem Roman hat Golding keine Lösung für die Dilemmata der menschlichen Existenz gefunden.

Rites of Passage, 1980, ***Close Quarters,*** 1987 und ***Fire Down Below,*** 1989 stellen eine See-Trilogie dar. Vordergründig ist *Rites of Passage* ein Anfang des 19. Jh. spielender historischer Roman.

Das Buch besteht hauptsächlich aus dem Tagebuch des Edmund Talbot, das dieser über eine Schiffsreise von England nach Australien für seinen Paten verfasst hat. Das Schiff stellt die Gesellschaft im Kleinen dar und Golding gelingt es, die moralische und intellektuelle Selbsttäuschung dieser Menschen aufzuzeigen. In dem Buch kommt des Autors Sehnsucht nach einer Kultur zum Ausdruck, in der es keine Arbeitsteilung, keinen Bruch zwischen Religion und Wissenschaft und zwischen Intellekt und Gefühl gibt, einer Welt, nach der wir uns auch heute noch sehnen.

Close Quarters, der 2. Band der See-Trilogie, handelt von einem Ball, der auf einem in eine Flaute geratenen Schiff, auf halbem Wege nach Australien stattfindet. In einer surrealen Atmosphäre von Hitze, Stille und Nebel tanzen und flirten die Passagiere miteinander, während sich unter ihnen der Rumpf des Schiffes mit Seetang und Schlingpflanzen bedeckt.

In ***Fire Down Below,*** dem letzten Band der Trilogie, rollt das alte Schiff seinem Bestimmungsort zu. Die Menschen an Bord geraten in Krisen, eine Panik bricht aus und schmerzhafte Entscheidungen werden getroffen.

The Pyramid, die soziale Pyramide Englands, bezieht sich auf Stilbourne (stillborn = totgeboren), eine fiktive südenglische Provinzstadt der Jahre 1920–60. Oliver, Held und Erzähler, sieht, wie schwer es ist, menschliche Beziehungen in einer von Klassenschranken und Eifersüchteleien bestimmten Kleinstadt aufzubauen.

Darkness Visible ist auf dem Hintergrund globaler und nationaler Probleme der späten 70-iger zu sehen. Die Welt brennt. Es ist Krieg. In den 3 Teilen des Romans versuchen die Helden – elegante sadistische junge Terroristen, vom Feuer gezeichnete Versehrte und ‚Heilige', auch ‚normale' Menschen – ihre Identität zu finden. Die Bedrohung der Menschheit liegt in der unendlichen Konfusion, die die Menschen selber stiften und derer sie nicht Herr werden.

The Paper Men, 1984, ein ‚unerwartetes' und von den meisten Kritikern verrrissenes Werk, ist die Geschichte eines alternden Erfolgsschriftstellers, der sich verzweifelt gegen seinen aufdringlichen impertinenten Biografen zur Wehr setzt.

Neben den Romanen, die sein eigentliches Werk ausmachen, schrieb Golding drei ‚shorter novels', unter dem Titel ***The Scorpion God*** 1971 herausgegeben. *The Scorpion God* führt uns in das Alte Ägypten der Pharaos, das durch die strengen Riten einer isolierten Gemeinschaft geprägt ist. *Clonk Clonk* ist ähnlich wie vorher *The Inheritors* in der Vorzeit der Geschichte der Menschheit angesiedelt. Es geht um das Verhältnis von Mann und Frau in der Urgesellschaft, in der die Dominanz des Mannes über die Frau noch gar nicht so selbstverständlich ist.

Envoy Extraordinary spielt im 2. oder 3. Jahrhundert A. D. im Zentrum des Römischen Imperiums. Phanocles erfindet Kanonen, Kriegsschiffe, Dampfkochtöpfe und schließlich eine Druckmaschine. Ein Ruderer und ein Soldat versuchen, ihn umzubringen, weil sie befürchten, arbeitslos zu werden. Phanocles entgeht dem Anschlag und der Kaiser von Rom schickt ihn für seine Verdienste ins ferne China als Botschafter.
In ähnlicher Form wurde diese eher satirisch-ironische Thematik in Goldings einzigem Drama, ***The Brass Butterfly,*** 1958 verarbeitet.

Es fällt auf, dass Golding nach bestimmten Schaffensfasen, gewissermaßen eine kreative Pause eingelegt hat.

1957 mit *Sometime, Never: Three Tales of the Imagination;* 1965 mit seiner wohl wichtigsten Essaysammlung *The Hot Gates and Other Occasional Pieces;* 1982 mit den literarischen Essays *A Moving Target* und 1985 mit *An Egyptian Journal*, einem aufschlussreichen Bericht über seine Reise nach Ägypten.

Eine geraume Zeit nahm man an, *Fire Down Below*, 1989, der letzte Band der See-Trilogie, sei der letzte Roman Goldings. Er muss aber noch bis zu seinem Tode am 19. Juni 1993, in

Falmouth, Cornwall, 5 Jahre, nachdem er geadelt wurde, an seinem ‚letzten' gearbeitet haben. ***The Double Tongue,*** 1995 posthum herausgegeben, führt uns noch einmal in das antike Griechenland zurück. Arieka, die 80jährige Seherin des Orakels von Delphi erinnert sich an ihr Leben als göttliche Stimme, an ihre Beziehung zu dem Hohepriester des Orakels und daran, wie der Zynismus in die Delphische Theologie Eingang findet und wie die Hellenistische Kultur schließlich der immer größer werdenden Römischen Macht weichen muss.

Außer den Poems sind alle Titel bei Faber & Faber in London erschienen.

Sekundärliteratur

ANNIN, PETER: „'Superpredators' Arrive." in: *Newsweek,* January 22, 1996, S. 18

Schockierender Bericht über die Welle sinnloser Gewalt, verursacht durch jugendliche Straftäter in den USA.

BECK, RUDOLF et al.: *Terminologie der Literaturwissenschaft.* München: Hueber. 1998

Der Band erläutert die in der angelsächsischen literarischen Welt verwandten Begriffe auf anschauliche Weise. Die Begriffe werden auf englisch genannt. Definitionssprache ist deutsch.

BRITISH COUNCIL, The: *William Golding 1911–1993.* Nottingham: The British Council. 1994

Die 27seitige Broschüre, herausgegeben anlässlich einer von Faber & Faber gesponserten Golding-Ausstellung, enthält interessante Informationen zur Entwicklung von Goldings Werk und zur Geschichte seiner Veröffentlichung. Gratis über das British Council erhältlich.

DICKSON, L. L.: *The Modern Allegories of William Golding.* Florida: University of Florida Press. 1990

Ein auf den ersten Blick schwierig zu lesendes Buch, da es der eigentlichen Interpetation allgemeine Ausführungen zur Dimension des Begriffes der Allegorie voranstellt. Die Fülle der Beispiele, insbesondere aus *Lord of the Flies*, macht das Buch trotz seines ,philosophischen Tiefganges' lesenswert.

ESCH, ARNO: „William Golding: Lord of the Flies." In:
Horst Oppel: ed.: *Der moderne englische Roman.*
Berlin: Erich Schmidt. 1965, S. 328 f.

Der bekannte Aufsatz von Arno Esch ist eine meisterhafte werkimmanente Interpretation. Zitate aus *Lord of the Flies* auf englisch.

MCCARRON, KEVIN: *William Golding, Writers and their work.*
Plymouth: Northcote House. 1994.

Der im Auftrag des British Council geschriebene anspruchsvolle Band interpretiert die wichtigsten Werke Goldings nach bestimmten zentralen Begriffen.

MEDCALF, STEPHEN: *Wiliam Golding. Writers and their Work.*
Harlow: The British Council and Longman. 1975

Medcalf interpretiert, ebenso wie McCarron, die wichtigsten Werke Goldings auf einer anspruchsvollen Ebene.

PORTER, NEIL et al.: *Student's Glossary of Literary Terms.*
Berlin: Cornelsen. 1992

Der Band liefert präzise und knappe Definitionen der gängigen literarischen Begriffe auf englisch.

Verfilmungen

Lord of the Flies ist zweimal verfilmt worden.

PETER BROOK: *Lord of the Flies.* 1963

Werkgetreuer Schwarzweißfilm des berühmten englischen Regisseurs (z. Zt. nicht lieferbar).

HARRY HOOK. *Lord of the Flies.* 1990

Amerikanische Bearbeitung des Romans. In dem Film strandet eine Gruppe junger Seekadetten aus den USA auf einer einsamen tropischen Insel.

Anmerkungen

1 Golding, William: *Nobel Lecture*, 7 December 1983 The Nobel Foundation. Webmaster@www.nobel.se/ November 25, 1997

2 Golding: *Nobel Lecture*

3 *Direct or explixit characterization* liegt vor, wenn der Autor Personen direkt beschreibt oder kommentiert. Dies kann auch durch andere Personen des Textes oder durch die Person selbst geschehen.
Indirect or implicit characterization liegt vor, wenn wir die Personen durch die Handlung selbst und durch Dialoge kennen lernen.

4 Zur literaturwissenschaftlichen Terminologie vgl. R. Beck et al.: *Terminologie der Literaturwissenschaft.* und N. Porter et al.: *Student's Glossary of Literary Terms.* Beide Bände erläutern die in der angelsächsischen literarischen Welt gängigen Begriffe auf anschauliche und differenzierte Weise.

5 ‚Gott aus der Maschine', unerwartetes Ereignis, das ein *happy ending* bewirkt.

6 vgl. dazu auch R. Beck: *Terminologie der Literaturwissenschaft* unter ‚allegory'.

7 vgl. Medcalf, S. 4

8 vgl. A. Esch in Oppel: *Der moderne englische Roman.* S. 334.

9 vgl. Hoimar v. Ditfurth: *Innenansichten eines Artgenossen.* Düsseldorf: Classen. 1991, S. 153

10 vgl. The British Council, William Golding 1911–1993, 1994, S. 15f

11 vgl. The British Council, S. 22

STARK Interpretationshilfen und Trainingsbände für die Oberstufe

Deutsche Interpretationen

Brecht: *Der aufhaltsame Aufstieg des Arturo Ui* .... Best.-Nr. 2400281
Brecht: *Der kaukasische Kreidekreis* .. Best.-Nr. 2400171
Brecht: *Leben des Galilei* .... Best.-Nr. 2400011
Brecht: *Mutter Courage und ihre Kinder* .... Best.-Nr. 2400521
Brussig: *Am kürzeren Ende der Sonnenallee* .. Best.-Nr. 2400201
Büchner: *Dantons Tod* .... Best.-Nr. 2400121
Büchner: *Der Hessische Landbote* .... Best.-Nr. 2400461
Büchner: *Lenz* .... Best.-Nr. 2400431
Büchner: *Leonce und Lena* .... Best.-Nr. 2400261
Büchner: *Woyzeck* .... Best.-Nr. 2400041
Dürrenmatt: *Der Besuch der alten Dame* .... Best.-Nr. 2400341
Dürrenmatt: *Der Verdacht* .... Best.-Nr. 2400571
Eichendorff: *Aus dem Leben eines Taugenichts* .... Best.-Nr. 2400071
Eichendorff: *Das Marmorbild* .... Best.-Nr. 2400081
Fontane: *Effi Briest* .... Best.-Nr. 2400371
Fontane: *Irrungen, Wirrungen* .... Best.-Nr. 2400401
Frisch: *Biedermann und die Brandstifter* .... Best.-Nr. 2400531
Frisch: *Homo faber* .... Best.-Nr. 2400031
Goethe: *Faust I* .... Best.-Nr. 2400511
Goethe: *Gedichte (1771–1783)* .... Best.-Nr. 2400181
Goethe: *Die Leiden des jungen Werther* .... Best.-Nr. 2400051
Hauptmann: *Die Ratten* .... Best.-Nr. 2400411
Hein: *Der fremde Freund/Drachenblut* .... Best.-Nr. 2400061
E.T.A. Hoffmann: *Der Sandmann* .... Best.-Nr. 2400351
Kafka: *Der Proceß* .... Best.-Nr. 2400481
Kafka: *Die Verwandlung/Das Urteil* .. Best.-Nr. 2400141
Keller: *Romeo und Julia auf dem Dorfe* .... Best.-Nr. 2400321
Kerner: *Blueprint. Blaupause* .... Best.-Nr. 2400391
Kleist: *Der zerbrochne Krug* .... Best.-Nr. 2400541
Kleist: *Michael Kohlhaas* .... Best.-Nr. 2400111
Lessing: *Emilia Galotti* .... Best.-Nr. 2400191
Lessing: *Nathan der Weise* .... Best.-Nr. 2400501
Th. Mann: *Der Tod in Venedig* .... Best.-Nr. 2400291
Th. Mann: *Tonio Kröger/ Mario und der Zauberer* .... Best.-Nr. 2400151
Musil: *Die Verwirrungen der Zöglings Törleß* .... Best.-Nr. 2400561
Nooteboom: *Die folgende Geschichte* Best.-Nr. 2400251
Schiller: *Don Carlos* .... Best.-Nr. 2400161
Schiller: *Kabale und Liebe* .... Best.-Nr. 2400231
Schiller: *Die Räuber* .... Best.-Nr. 2400421
Schiller: *Maria Stuart* .... Best.-Nr. 2400271
Schlink: *Der Vorleser* .... Best.-Nr. 2400101

Schneider: *Schlafes Bruder* .... Best.-Nr. 2400021
Schnitzler: *Traumnovelle* .... Best.-Nr. 2400311
Sophokles: *Antigone* .... Best.-Nr. 2400221
Storm: *Der Schimmelreiter* .... Best.-Nr. 2400381
Süskind: *Das Parfum* .... Best.-Nr. 2400091
Timm: *Die Entdeckung der Currywurst* .... Best.-Nr. 2400301
Vanderbeke: *Das Muschelessen* .... Best.-Nr. 2400331
Wedekind: *Frühlings Erwachen* .... Best.-Nr. 2400491
Zweig: *Schachnovelle* .... Best.-Nr. 2400441

Deutsch Interpretationshilfen 1
Von der Klassik bis zum Naturalismus.
■ .... Best.-Nr. 94407

Deutsch Interpretationshilfen 2
Vom Expressionismus bis zur Literatur der DDR.
■ .... Best.-Nr. 94408

Deutsch Training

Training Methoden Deutsch .... Best.-Nr. 944062
Dramen analysieren u. interpretieren Best.-Nr. 944092
Erörtern und Sachtexte analysieren .. Best.-Nr. 944094
Gedichte analysieren und interpretieren .... Best.-Nr. 944091
Epische Texte analysieren und interpretieren .... Best.-Nr. 944093
Übertritt in die Oberstufe .... Best.-Nr. 90409
Abitur-Wissen Erörtern und Sachtexte analysieren .. Best.-Nr. 944064
Abitur-Wissen Textinterpretation .... Best.-Nr. 944061
Abitur-Wissen Deutsche Literaturgeschichte .... Best.-Nr. 94405
Abitur-Wissen Prüfungswissen Oberstufe .... Best.-Nr. 94400
Kompakt-Wissen Rechtschreibung .... Best.-Nr. 944065
Lexikon Autoren und Werke .... Best.-Nr. 944081

(Bitte blättern Sie um)

Englisch Interpretationen

Interpretationshilfen zu Einzellektüren:

Albee:
Who's afraid of Virginia Woolf? .... Best.-Nr. 2500101
Atwood: *The Handmaid's Tale* .... Best.-Nr. 2500181
Auster: *Moon Palace* .... Best.-Nr. 2500031
Boyle: *The Tortilla Curtain* .... Best.-Nr. 2500131
Bradbury: *Fahrenheit 451* .... Best.-Nr. 2500141
20th Century English Short Stories .... Best.-Nr. 2500151
Golding: *Lord of the Flies* .... Best.-Nr. 2500051
Ishiguro: *The Remains of the Day* ...... Best.-Nr. 2500171
Lessing: *The Fifth Child* .... Best.-Nr. 2500071
Lodge: *Changing Places* .... Best.-Nr. 2500091
MacLaverty: *Cal* .... Best.-Nr. 2500161
Priestley: *An Inspector Calls* .... Best.-Nr. 2500081
Russell: *Educating Rita* .... Best.-Nr. 2500061
Salinger: *Catcher in the Rye* .... Best.-Nr. 2500111
Shakespeare: *Macbeth* .... Best.-Nr. 2500011
Shakespeare: *Romeo and Juliet* .... Best.-Nr. 2500041
Shaw: *Pygmalion* .... Best.-Nr. 2500121
Twain: *Huckleberry Finn* .... Best.-Nr. 2500021

Englisch Training

Übersetzungsübung .... Best.-Nr. 82454
Grammatikübung .... Best.-Nr. 82452
Themenwortschatz .... Best.-Nr. 82451
Grundlagen der Textarbeit .... Best.-Nr. 94464
Sprachmittlung .... Best.-Nr. 94469
Textaufgaben Literarische Texte
und Sachtexte – Baden-Württemberg Best.-Nr. 84468
Textaufgaben Literarische Texte
und Sachtexte .... Best.-Nr. 94468
Grundfertigkeiten des Schreibens ...... Best.-Nr. 94466
Sprechfertigkeit mit CD .... Best.-Nr. 94467
Englisch – Übertritt in die Oberstufe .. Best.-Nr. 82453
Abitur-Wissen
Landeskunde Großbritannien .... Best.-Nr. 94461
Abitur-Wissen Landeskunde USA .... Best.-Nr. 94463
Abitur-Wissen Literaturgeschichte ...... Best.-Nr. 94465
Kompakt-Wissen Abitur
Themenwortschatz .... Best.-Nr. 90462
Kompakt-Wissen Kurzgrammatik ...... Best.-Nr. 90461
Kompakt-Wissen Abitur
Landeskunde/Literatur .... Best.-Nr. 90463
Kompakt-Wissen Abitur – NRW
Landeskunde/Literatur .... Best.-Nr. 50463

Latein Training

Abitur-Wissen
Lateinische Literaturgeschichte .... Best.-Nr. 94602
Wiederholung Grammatik .... Best.-Nr. 94601
Wortkunde .... Best.-Nr. 94603
Kompakt-Wissen Kurzgrammatik ...... Best.-Nr. 906011

Französisch Interpretationen

Camus: *L'Etranger/Der Fremde* .... Best.-Nr. 2550041
Sartre: *Huis clos/*
Geschlossene Gesellschaft .... Best.-Nr. 2550051

Interpretationshilfen 1 Lyrik
22 Musterinterpretationen weltberühmter Gedichte aus unterschiedlichen Epochen.
■ .... Best.-Nr. 94507

Interpretationshilfen 2 Prosa
Musterinterpretationen zu ausgewählten Werken namhafter Autoren aus unterschiedlichen Epochen.
■ .... Best.-Nr. 94508

Interpretationshilfen 3 Drama
Musterinterpretationen zu ausgewählten Werken namhafter Autoren aus unterschiedlichen Epochen (17. bis 20. Jh.).
■ .... Best.-Nr. 94509

Französisch Training

Landeskunde Frankreich .... Best.-Nr. 94501
Themenwortschatz .... Best.-Nr. 94503
Literatur .... Best.-Nr. 94502
Textarbeit Oberstufe .... Best.-Nr. 94504
Abitur-Wissen Literaturgeschichte ...... Best.-Nr. 94506
Kompakt-Wissen Abitur
Themenwortschatz .... Best.-Nr. 945010
Kompakt-Wissen Kurzgrammatik ...... Best.-Nr. 945011

Fachübergreifend

Richtig Lernen – Tipps und
Lernstrategien für die Oberstufe .... Best.-Nr. 10483
Referate und Facharbeiten
für die Oberstufe .... Best.-Nr. 10484
Training Methoden – Meinungen äußern,
Ergebnisse präsentieren .... Best.-Nr. 10486

Natürlich führen wir noch mehr Titel für alle Schularten. Wir informieren Sie gerne!

Telefon: 08161/179-0 **Internet: www.stark-verlag.de**
Telefax: 08161/179-51 **E-Mail: info@stark-verlag.de**

Bestellungen bitte direkt an: STARK Verlagsgesellschaft mbH & Co. KG
Postfach 1852 · 85318 Freising · Tel: 08161 / 179-0 · FAX: 08161 / 179-51
Internet: www.stark-verlag.de · E-Mail: info@stark-verlag.de

Die echten Hilfen zum Lernen ...
STARK

17-V1P